인공지능이 스포츠 심판이라면

KB165470

05
지식
+
진로

인공지능이 스포츠 심판이라면

**스포츠문화
연구소** 지음

프로야구부터 올림픽까지 규칙으로 읽는 스포츠

다른

인문·사회

체육학

자연과학

스포츠 경기

기록분석
연구원

스포츠 심판

스포츠 경영

스포츠
마케터

스포츠
에이전트

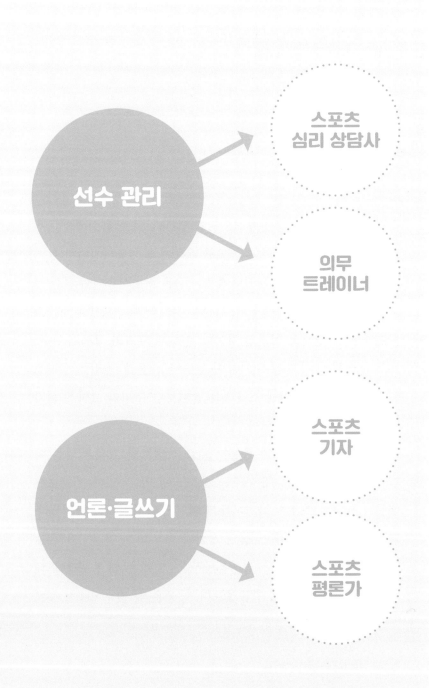

들어가며

| 스포츠를 알면 보이는 세상

우리는 스포츠를 다양한 방식으로 체험한다. 프로 선수에게는 스포츠가 직업이자 생계의 수단이고 팬들에게는 흥미진진한 볼거리다. 스포츠 마케터나 경영인에게는 큰돈을 벌어들여야 하는 사업일 것이며 규칙적 운동으로 건강을 유지하려는 사람에게는 스포츠가 필수 일과로 여겨질 것이다. 인류의 역사와 함께해 온 스포츠는 이처럼 더욱 많은 사람이 참여하고 즐길 수 있는 방향으로 변해 왔다. 그렇기에 스포츠를 살펴보면 우리가 살아온 삶과 사회상을 되돌아볼 수 있다.

스포츠가 어떻게 변해 왔는지를 잘 살펴보면 그것은 다름 아닌 사람들이 원했기 때문이라는 것을 금방 알 수 있다. 스포츠는 팬들의 요구와 스포츠 관계자들의 의견을 받아들이며 발전했다. 프로 스포츠에서는 왜 '오심도 경기의 일부'라는 불문법을 깨고 비디오 판독 시스템을 도입했을까? 쇼트트랙은 왜 몸싸움에 대한 규정을 더 엄격하게 만들었으며, 양궁은 왜 점수제에서 세트제로 바뀌었을까? 이렇게 규칙이 바뀐 이유를 곰곰이 생각해 보면 사람들이 좀 더 공정한 경기, 좀 더 재미있는 경기를 원했기 때문이라는 것을 알 수 있다. 따라서 이 규칙을 살펴보면 시대의 요구와 변화를 감지할 수 있다.

우리는 응원하는 팀이나 선수가 짜릿한 승리를 거둘 때 큰 기쁨을 느낀다. 그런데 아쉽게 패배한다면? 그것도 석연치 않은 판정으로 탈락의 고배를 마신다면? 전 국민이 기억하는 결정적인 장면에는 2002년 한일 월드컵에서 우리나라 대표팀이 쓴 4강 신화처럼 기쁜 순간도 있지만 누가 봐도 이해할 수 없는 오심이 나온 경기들도 많다. 심판에게 항의하다가 체념하는 선수, 눈물을 흘리는 선수를 보면 똑같이 억울한 마음이 생긴다. '도대체 왜 판정을 번복하지 않는 걸까?', '내가 심판이라면 공정한 판정을 내릴 텐데!' 과연 스포츠 경기는 선수들의 노력과 실력을 제대로 평가하고 있을까?

그래서 이 책에서는 다양한 종목의 규칙을 파헤쳤다. 스포츠를 좋아하는 팬들이 가장 궁금해하는 규칙, 너무나 당연하게 느껴지지만 왜 그런지는 정확하게 알기 어려운 규칙, 그리고 규칙을 알면 더욱 잘 느낄 수 있는 스포츠의 재미 등에 주목해 이 책을 썼다. 여러 규칙 중에서도 공정성을 확립하기 위한 규칙, 효율적이면서도 재미있는 경기를 위한 규칙, 심판의 주관이 상대적으로 더 많이 반영되는 채점 종목의 특징, 스포츠 윤리를 위한 규칙 등을 자세히 살폈다. 또한 가능한 쉽고 재미있게 읽을 수 있도록 사례 중심으로 규칙의 변화를 설명하고 여기에 영향을 준 시대상을 전달하려고 노력했다.

더 나아가 스포츠를 좋아하는 청소년 독자가 미래를 설계하고 꿈을 꿀 수 있도록 스포츠와 관련된 여러 가지 직업을 소개했다. 경기에 출전하는 선수 외에도 공정한 경기를 책임지는 심판, 팀의 경기력을 높이는 트레이너, 각종 계약을 대행하는 스포츠 에이전트 등 스포츠의 세계를 움직이는 직업은 다양하다.

현대 스포츠는 지나치게 상업화되어 고유의 가치를 잃어버리기도 했다. 자본의 힘이 커지고 경쟁과 보상이 강조되다 보니 페어플레이, 스포츠맨십과 같은 가치를 외면한 채 무작정 화려하거나 자극적인 볼거리에 치중하는 '스포츠 쇼'로 변질되는 사례가 많다. 이 또한 현재의 시대상을 반영한다고 할 수도 있겠지만 공정성, 상대방에 대한 존중과 배려, 최선을 다하는 자세 등 스포츠 고유의 가치와 규범은 여전히 소중하다. 스포츠는 직접 경기에 임하는 선수뿐만이 아닌 이 세상 모든 이가 배우고 익혀야 할 보편성을 갖고 있다고 할 수 있다.

스포츠는 공정해야 한다. 규칙이야말로 스포츠의 시작이라고 할 수 있다. 규칙을 제대로 이해해야만 직접 스포츠를 즐길 수 있고 재미있는 관전도 가능하다. 더 나아가 다양한 규칙을 분석하다 보면 스포츠의 어떤 부분이 보완되어야 할지, 어떤 방향으로 변화해야 할지 자신만의 관점도 세울 수 있을 것이다. 이 책을 읽는 모든 독자가 스포츠에 대한 폭넓은 이해를 갖게 되길 소망한다.

2020년 8월
스포츠문화연구소장 최동호

차례

1장 오심도 경기의 일부다?

서로 밀고 밀렸는데, 왜 한 사람만 실격 처리할까? | 억울한 선수를 구제할 방법은 없을까? | 아슬아슬한 명장면을 위해 탄생한 종목 | 쇼트트랙에서 몸싸움이 사라진다면

공의 궤적을 추적하는 '호크아이' | 비디오 판독 도입을 앞당긴 치명적인 오심 | 프랑스오픈에서 호크아이 도입을 거부하는 이유 | 전통과 혁신의 대립

오심과 편파 판정은 다르다 | 편파 판정으로 얼룩진 레슬링 | 반드시 지켜야 할 스포츠 윤리

비디오 판독의 탄생 | 나는 네가 한 일을 알고 있다 | 비디오 판독으로 바뀐 그라운드 | 비디오 판독은 과연 완벽할까?

2장 복잡한 규칙, 왜 생겼을까?

· ·

3장 알면 더 이해가 쉬운 채점제

4장 진정한 스포츠 정신이란

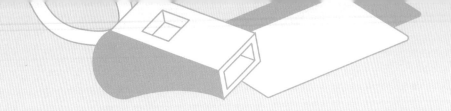

1장

오심도
경기의 일부다?

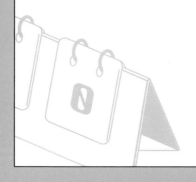

05:05

누구에게나 공정해야 하는 스포츠에
인간의 탐욕이 개입하면 편파 판정이 생긴다.
편파 판정은 꼭 사라져야 할 스포츠 범죄다.

TEAM	1	2	3	4	5	6	7	8	9	10	11	12	B
ABC	0	0	0	0	0	1	4	0	0	1			S
• abc	2	0	0	0	2	1	0	0	0				O

쇼트트랙의 몸싸움은 어디까지 가능할까?

2018년 2월에 열린 평창동계올림픽 쇼트트랙 여자 500미터 결승에서 많은 사람이 분개한 순간이 있었다. 금메달 후보로 기대를 한몸에 받은 우리나라의 최민정 선수는 2위로 결승선을 통과했으나 비디오 판독으로 실격 처리되었다.

심판은 최민정이 바깥쪽에서 안쪽으로 파고들며 캐나다 선수 킴 부탱을 추월하는 순간 왼손을 뻗어 진로를 방해했다고 판정했다. 그런데 최민정이 실격을 당한 장면은 우리나라 팬들이 보기에 어쩐지 석연치 않았다. 최민정이 손을 뻗는 순간 킴 부탱도 최민정 선수를 오른손으로 밀어냈기 때문이다. TV 중계 화면으로 볼 때 최민정이 왼손을 뻗는 동작은 오히려 자연스러워 보인 반면 킴 부탱이 오른손으로 최민정을 밀어내는 동작은 고의적으로 보였다. 그래서 우리나라 팬들로서는 심판 판정이 억울할 수밖에 없었다.

한국의 네티즌들은 동메달을 차지한 킴 부탱에게 비난을 퍼부었다. 킴 부탱의 트위터와 인스타그램에 도를 넘는 악플이 쏟아지자 킴 부탱은 자신의 SNS 계정을 모두 비공개로 닫기도 했다. 심판이 내린 판정은 정말 잘못된 것이었을까?

서로 밀고 밀렸는데, 왜 한 사람만 실격 처리할까?

심판이 최민정에게 선언한 반칙은 임페딩impeding이다. 임페딩은 상대 선수가 앞서지 못하도록 고의로 밀거나 가로막는 행위를 뜻한다. 킴 부탱과 최민정 두 선수 모두 손을 뻗어 상대 선수를 밀치거나 방해했는데, 왜 최민정에게만 실격이 선언됐을까?

쇼트트랙은 바깥쪽에서 안쪽으로 파고들며 추월할 때 손을 사용하면 무조건 반칙을 선언한다. 워낙 몸싸움이 치열해서 한 선수가 일방적으로 손을 사용하는 경우도 있지만 두 선수가 동시에 손을 사용할 때도 많다. 만약 두 선수가 서로 손으로 가로막으면 어떤 기준으로 판정을 내릴까? 우선권이다. 우선권은 불리한 위치에 있는 선수는 반칙의 의사가 없었다고 이점을 주는 개념이다. 예를 들면 직선 주로에서 앞서 가는 선수는 뒤쪽 상황을 볼 수 없지만 추격하는 선수는 바로 앞의 선수를 볼 수 있다. 따라서 불리한 상황에 있는 앞선 선수에게 우선권을 준다. 그래서 직선

쇼트트랙은 바깥쪽에서 안쪽으로 파고들며 추월할 때 손을 사용하면 무조건 반칙을 선언한다.

주로에서 추월을 시도할 때는 앞선 선수의 진로를 방해해서는 안 된다. 만약 앞선 선수의 진로를 방해하는 행위를 한다면 임페딩 반칙이 선언된다.

또한 코너에서는 안쪽의 선수보다 바깥쪽 선수가 좀 더 자유롭게 달릴 수 있다. 그래서 안쪽 선수가 불리하다고 보고 우선권을 준다. 최민정은 안쪽에서 달리던 킴 부탱을 추월하기 위해 바깥쪽에서 안쪽으로 접근하며 손을 사용했기 때문에 임페딩 반칙 판정을 받은 것이다.

억울한 선수를 구제할 방법은 없을까?

임페딩은 쇼트트랙에서 가장 많이 발생하는 반칙이다. 국제빙상연맹은 임페딩을 포함해 오프트랙off-track, 어시스턴스assistance, 킥킹아웃kicking-out이라는 네 가지의 반칙 행위를 규정하고 있다.

그렇다면 한 가지 궁금한 게 생긴다. 만약 상대 선수가 나에게 임페딩을 해서 내가 넘어졌다면? 꼴찌로 밀려났다면 억울하지 않을까? 당연히 억울하다. 실제로 쇼트트랙 경기에서 자주 나오는 상황이다. 그래서 이럴 때를 대비한 구제 제도가 있다. 실격 행위를 한 선수 때문에 넘어지거나 하위권으로 밀려났다면 어드밴스advance라는 구제 제도로 다음 라운드에 진출할 수 있다. 단 조건이 있다. 임페딩을 당한 시점에 다음 라운드에 올라갈 수 있는 순위를 기록하고 있어야 한다. 예를 들어 2위까지 다음 라운드에

반칙 명칭	내용
오프트랙	블록으로 표시한 트랙의 안쪽으로 스케이팅을 하는 행위
임페딩	방해, 가로막기(블로킹), 차징(공격) 또는 몸의 어느 부분으로 다른 선수를 미는 행위, 다른 선수의 진로를 가로막아 방해하는 행위
어시스턴스	다른 선수에게 도움을 주는 행위
킥킹아웃	스케이트 날을 높게 드는 행위 (결승선에서 한 발을 내밀 땐 반드시 스케이트 날이 빙판에서 떨어지면 안 된다. 결승선에서 몸을 던져도 안 된다)

쇼트트랙의 네 가지 반칙

진출할 수 있는 자격이 주어진다면 1위나 2위로 경기를 하다 임페딩을 당해야 구제받을 수 있다. 3위 이하였다면 아쉽지만 구제의 기회는 없다.

순위 싸움이 치열한 쇼트트랙에서는 판정이 매우 중요하다. 그래서 쇼트트랙은 좁은 경기장에 4명의 심판이 투입된다. 주심 1명, 양쪽 코너에서 경기를 지켜보는 부심 2명, 그리고 비디오 판독심 1명이다. 비디오 판독 카메라는 총 여섯 대가 가동되는데, 양쪽 코너에 세 대씩 설치되어 경기 장면을 꼼꼼하게 기록한다. 비디오 판독 카메라는 중계방송용 카메라와는 다른 위치에서 선수들의 반칙을 촬영한다.

아슬아슬한 명장면을 위해 탄생한 종목

쇼트트랙의 정식 명칭은 쇼트트랙 스피드스케이팅shorttrack speedskating 이다. 하지만 스피드스케이팅과 구별하기 위해 보통은 짧게 줄여서 '쇼트트랙'이라고 부른다.

스피드스케이팅은 1924년 제1회 샤모니 동계올림픽 때부터 정식 종목이었지만 쇼트트랙이 동계올림픽에 등장한 것은 비교적 최근의 일이다. 1992년 알베르빌 동계올림픽에서 정식 종목으로 채택됐다. 그렇다면 쇼트트랙이 올림픽에 등장한 배경은 무엇일까?

스피드스케이팅은 기록 종목이다. 2명의 선수가 인코스와 아웃코스로 구분되는 개인 주로를 번갈아 주행한 뒤 기록에서 앞선 선수가 승리를 가져가게 된다. 물론 스포츠의 특징인 경쟁이 바탕이지만 상대를 앞선다는 개념보다 '자기 자신과 싸운다'는 기록과의 경쟁이란 느낌이 더 강하다. 관중 입장에선 보는 재미가 덜할 수밖에 없다.

좀 더 재미있을 수는 없을까? 손에 땀을 쥐게 하는 아슬아슬한 장면을 연출할 수는 없을까? 쇼트트랙은 좀 더 흥미진진한 스케이트 경기를 만들어 보려는 목표로 올림픽에 등장했다. 기록이 아닌 순위로 평가하고 개인 주로를 없애 몸싸움을 유도했다. 또한 여러 명의 선수가 함께 출발해 경쟁하도록 만들었다. 치열한 몸싸움과 자리싸움 끝에 마지막 바퀴에서 만들어지는 대역전은 쇼트트랙만의 매력이라고 할 수 있다.

쇼트트랙과 스피드스케이팅의 차이를 자세히 살펴보면 왜 쇼트트랙에서 긴장감 넘치는 장면이 훨씬 더 많이 나오는지 이해할 수 있다. 우선 트랙의 길이에서 차이가 난다. 스피드스케이팅 트랙은 400미터인 반면 쇼트트랙 트랙은 111.12미터밖에 되지 않는다. 또한 쇼트트랙은 곡선 구간이 전체 트랙의 절반가량인 48퍼센트다. 실제 경기에서는 선수들이 구부러진 구간에 진입하기 전후에도 곡선 주행을 하기 때문에 곡선 구간은 사실상 70퍼센트 이상을 차지한다고 할 수 있다. 선수들이 추월을 위해 승부수를 띄우는 장면도 대부분 곡선 구간에서 이뤄진다. 스피드스케

스피드스케이팅은 기록 종목이다. 2명의 선수가 인코스와 아웃코스로 구분되는 개인 주로를 번갈아 주행한 뒤 기록에서 가장 앞선 선수가 승리한다.

이팅은 0.01초를 다투는 스피드가 생명이지만, 쇼트트랙은 치열한 몸싸움을 견뎌 내며 누가 더 기술적으로 곡선 구간을 빨리 통과하느냐가 관건이다. 이 몸싸움에서 '나쁜 손'이 등장한다. 추월할 때 상대 선수를 밀치거나 무릎을 밀고 또 상대 선수의 진로를 방해하기도 한다. 따라서 쇼트트랙의 핵심은 곡선 구간이다.

쇼트트랙에서 몸싸움이 사라진다면

그런데 지나친 몸싸움이 반대로 쇼트트랙의 재미를 반감시키는 역효과가 발생했다. 2018년 평창동계올림픽에서는 무려 총 서른네 번의 실격 판정이 나왔다. 하루에만 중국 선수 4명이 무더기로 실격당하기도 했다.

실격도 실격이지만 워낙 몸싸움이 치열하다 보니 선수들이 경기 도중 충돌해 넘어지는 사고도 자주 생긴다. 평창동계올림픽에 출전한 우리나라 대표팀은 남자 5,000미터 계주와 여자 1,000미터에서 어이없는 상황을 맞이했다. 남자 5,000미터 계주 결승에서 임효준 선수가 엉덩방아를 찧으며 넘어져 하위권으로 밀려났고, 여자 1,000미터 결승에서는 우리 선수끼리 부딪히며 넘어져 아무런 메달을 따내지 못했다.

몸싸움이 너무 심해 충돌하고 넘어지고 실격이 선언되는 일이 빈번해지자 쇼트트랙에서는 실력대로 결과가 나오지 않는다는 비판이 거세지고 있다. 선수가 마지막 한 바퀴를 돌고 결승선을 통과하며 두 손을 번쩍 쳐드는 순간 금메달이 확정되어야 감동을 느끼기 마련인데, 결승선을 통과한 뒤 비디오 판독을 거치며 순위가 뒤바뀌는 일이 잦아지자 재미없다는 반응도 나오고 있다.

쇼트트랙은 과연 어떻게 될까? 만약 쇼트트랙에서 몸싸움을 뺀다면, 자리싸움을 금지하고 스피드스케이팅처럼 개인 주로를 도입한다면 어떨까? 넘어지는 선수는 줄어들지 모르지만 아마도 쇼트트랙만의 매력을 잃게 될 것이다. 쇼트트랙은 좁은 공간에서 코너를 돌며 상대를 추월하는 것이 가장 큰 매력이다. 지나친 몸싸움으로 인한 역효과를 줄이기 위해 좀 더 엄정한 판정이 도입될 수는 있어도 쇼트트랙의 상징인 몸싸움이 사라지는 일은 상상하기 어렵다.

비디오 판독을 금지하는
테니스 대회도 있다고?

비디오 판독을 하지 않는 스포츠를 상상할 수 있을까? 오심을 막고 공정한 경기를 펼치기 위해서는 빼놓을 수 없다. 그런데 이를 여전히 거부하는 스포츠 대회가 있다. 그것도 아주 큰 규모의 대회다. 세계 4대 테니스 메이저 대회 중 하나인 프랑스오픈은 지금까지도 대회에 비디오 판독 시스템을 도입하지 않고 있다. 나머지 3개의 대회인 윔블던, US오픈, 호주오픈은 모두 오래 전부터 정밀한 판독 프로그램을 적극적으로 활용하고 있지만 프랑스오픈만은 예외다. 왜 이런 원칙을 고수하고 있을까? 과학기술이 날로 발전하는 요즘 너무 낡은 사고방식처럼 느껴진다. 심판의 맨눈에만 의지하면서 공정한 경기를 기대할 수 있을까?

테니스는 공이 매우 빠르게 오가는 스포츠다. 라켓의 성능이 갈수록 좋아지면서 시속 200킬로미터가 넘을 정도로 빠른 공이 오가는 경기도 자주 나온다. 그래서 맨눈으로는 공이 선 안쪽에 떨어졌는지 바깥쪽에 떨어졌는지 정확히 판단하기 어려울 때가 있고, 완전히 잘못 보는 경우도 생긴다. 그래서 가끔 선수들은 경기 도중에 심판의 판정을 다시 확인해 보자는 판정 번복 신청을 한다. 이 제도를 챌린지challenge라고 부르며, 한 세트에 세 번까지 신청할 수 있다. 선수가 챌린지를 신청하면 가상의 3차원 영상이 나온다. 이 영상은 마지막 공이 어느 지점에 떨어졌는지 보여 준다. 이것이 바로 테니스 대회에 널리 도입된 판독 프로그램 '호크아이'다.

호크아이는 2001년 영국의 로크 메이너 리서치사에서 크리켓 경기 중계에 사용하기 위해 처음 개발했다. 경기장 곳곳에 자리한 10여 대의 카메라가 공의 움직임을 포착해 3차원 영상으로 재구성한다. 영국의 프리미어리그, 독일의 분데스리가리그 등 각종 축구 대회에서도 사용한다. 현재 호크아이는 테니스 경기에서 빼놓을 수 없는 매우 중요한 요소가 되었다. 호크아이 판독 결과가 주심의 판정과 얼마나 일치하는지 지켜보는 것도 자연스러운 경기의 일부이자 재미로 여겨질 정도다.

그렇다면 호크아이는 얼마나 정확할까? 현재 호크아이의 판독

3D 입체 영상으로 구현된 호크아이 판독 시스템. 호크아이는 2.6밀리미터 이하의 거리 까지도 구분할 수 있다.

에는 오차가 거의 없다. 어찌나 정확한지 2.6밀리미터 이하의 거리까지도 구분할 수 있다. 테니스공의 지름이 평균 67밀리미터인 것을 생각하면 오차 범위는 실제 테니스공 지름의 5퍼센트밖에 되지 않는 것이다. 2.6밀리미터는 테니스공의 보풀 길이 정도밖에 되지 않는다.

비디오 판독 도입을 앞당긴 치명적인 오심

현재 테니스 경기에서 매우 중요한 역할을 하고 있는 호크아이가 도입된 시기는 수백 년이 넘는 테니스의 역사에 비추어 볼 때 비교적 최근의 일이다. 2004년 미국의 세계적인 테니스 선수 세레나 윌리엄스와 제니퍼 캐프리아티가 맞붙은 US오픈 8강 경기가 결정적인 계기였다. 이 경기에서 주심은 심판의 자질이 의심될 만큼 심각한 오심을 저질렀다.

세트 점수가 1 대 1로 팽팽히 맞선 상태에서 맞은 마지막 3세트. 세레나 윌리엄스가 친 공을 선심선에 관한 규칙의 위반 여부를 판정하는 보조 심판원. 한 경기에 9명이 참여한다은 선 안으로 들어왔다고 판정했다. 어느 누가 봐도 그랬다. TV의 느린 중계 화면으로 보면 공이 선 안쪽으로 들어오는 순간이 더욱 명확하게 보였다. 하지만 주심은 공이 선 밖으로 나갔다고 판정했다. 세레나 윌리엄스는 거세게 항의했지만 주심은 끝내 판정을 바꾸지 않았다. 결국 경기는 캐프리아티의 승리로 끝났다. 당시 주심을 맡았던 마리아나 알베스는 골드 배지국제테니스연맹이 공인한 최고 등급의 테니스 심판. 전 세계에 30여 명이 활동하고 있다를 가진 유능한 심판으로 명성이 높았다. 하지만 이 사건으로 경력에 치명적인 오점을 남기며 대회의 남은 경기에 출장하지 못하는 징계를 받았다.

US오픈 조직위원회는 뒤늦게 세레나 윌리엄스에게 사과했지만 오심에 분노하는 여론은 쉽게 사그라들지 않았다. 이를 계기로 호크아이 도입이 빠르게 이루어졌다. 1년 뒤인 2005년 말에 국제테니스연맹은 호크아이를 프로 경기에 도입하기로 결정했다. 이에 따라 2006년부터 테니스에 호크아이가 정식으로 도입되었다.

호크아이는 여러 테니스 대회에서 치명적인 오심을 막는 데 제 몫을 톡톡히 하고 있다. 통계를 보면 호크아이를 사용한 챌린지를 통해 전체 판정의 25퍼센트 정도가 번복되고 있다. '판정도 결국 사람이 하기에 오심도 경기의 일부다'라는 생각은 이제 기술의 발달로 시대착오적인 발상이 되어 가고 있다. 그렇다면 프랑스오픈은 왜 호크아이를 거부하는 것일까?

프랑스오픈에서 호크아이 도입을 거부하는 이유

4대 메이저 테니스 대회는 코트 재질이 각각 다르다. 호주오픈과 US오픈은 딱딱한 아스팔트 재질로 만든 하드코트, 윔블던은 천연 잔디 코트, 프랑스오픈은 흙으로 된 클레이 코트에서 경기가 열린다. 프랑스오픈의 클레이 코트에 쓰이는 흙은 비가 내린 뒤에도 한 시간쯤 지나면 경기를 다시 시작할 수 있을 정도로 배수 기능이 뛰어나다. 이 진흙은 프랑스어로 앙투카en tous cas라고 부르는데 '모든 경우에'라는 뜻이다. 아무리 비가 오더라도 신속하게 코트를 재정비할 수 있다는 뜻에서 이런 이름이 붙었다.

프랑스오픈 조직위원회에서는 이런 코트의 재질을 이유로 호크아이 도입을 거부하고 있다. 흙으로 된 코트는 잔디나 딱딱한 코트와는 달리 공이 튕겨나간 자국이 남기 때문에 굳이 비디오 판독을 할 필요가 없다는 것이다.

그러면 프랑스오픈에서는 선수들의 챌린지가 어떻게 이루어질까? 주심이 직접 경기 코트로 내려와서 공 자국을 살펴 판정을 내린다. 그런데 이런 방식에도 문제가 있다. 클레이 코트에서는 공이 비교적 높게 튕겨나가며 공에 회전도 많이 걸려서 날아가는 속도가 많이 줄어든다. 그래서 다른 코트에서보다 선수들이 공을 주고받는 랠리가 길어진다. 그런데 랠리가 길어지면 코트에 너무 많은 공 자국이 남아서 공이 떨어진 정확한 지점을 구분하기 어려워진다. 흙의 특성상 자국이 지워지기도 쉽다. 그래서 공 자국만으로 내리는 판정이 항상 정확할 수는 없다. 실제로 마지막 공의 자국을 정확하게 분별하기 어려워 오심을 내리는 상황이 종종 벌어져서 판정의 공정성에 대한 논란이 불거지기도 한다. 이런 이유로 호크아이 도입을 요구하는 목소리는 계속 사

진흙 코트에서 경기가 치러지는 프랑스오픈에는 아직 비디오 판독 시스템이 도입되지 않고 있다.

그라들지 않는다. 결국 프랑스오픈 조직위원회는 2018년부터 호크아이를 시범 도입하기로 결정했다. 물론 시범 도입이기에 다른 대회들처럼 호크아이 판독 결과로 심판의 판정을 바꿀 수는 없다.

그런데 호크아이를 클레이 코트에 도입하는 데는 기술적인 어려움도 있다. 호크아이는 여러 각도의 카메라가 관찰한 화면을 종합해 정확한 위치를 찾아 내는 시스템이다. 그런데 클레이 코트에서는 경기를 하는 도중에 표면이 패이기에 공의 위치를 정확하게 추적하려면 지속적인 화면 보정이 필요하다. 호크아이 제조사에서는 이를 위한 기술력이 아직 부족하다고 밝히고 있다. 실제로 클레이 코트 경기에서 호크아이의 판정이 잘못될 때가 많아 의구심을 자아내고 있다.

전통과 혁신의 대립

테니스는 매우 오래된 종목이다. 프랑스의 귀족과 수도사들은 12세기 무렵부터 오늘날 테니스의 조상 격 스포츠인 라 폼므La Paum를 즐겼다. 가장 오래된 테니스 대회인 윔블던은 첫 대회가 1877년에 개최되었다. 또한 테니스는 1896년 아테네에서 열린 제1회 올림픽에서 정식 경기 종목으로 채택된 올림픽 원년 종목이기도 하다. 이처럼 역사가 깊은 테니스계에서는 시대에 맞추어 변화하자는 주장과 오랜 전통을 고수하려는 자세가 충돌하는 것을 종종 볼 수 있다. 예를 들어 윔블던에서는 선수의 복장에 대한 규제가 강하다. 오직 흰색 옷과 신발을 착용해야 한다. 심지어는 속옷 색깔까지 규제하고 있어 지나치게 보수적인 것이 아니냐는 비판을 받기도 한다.

그럼에도 새로운 시도는 계속 이루어지고 있다. 국제 프로 테니스 대회를 주관하는 프로테니스협회ATP에서는 2017년부터 넥스트 제너레이션 파이널스Next Generation Finals라는 이벤트 대회를 열었다. 21세 이하 선수 중 세계 랭킹이 높은 8명의 선수만 출전할 수 있다2017년 대회에서 우리나라의 정현 선수가 결승까지 진출했다. 이 대회가 화제를 모은 이유는 기존에 없었던 매우 실험적인 운영을 시도했기 때문이다.

우선 심판부터 매우 파격적이다. 사람 대신 기계가 심판을 본다. 선심을 호크아이가 대체하고 주심 1명만이 경기장에 남는다. 본래 한 경기에 9명의 선심이 나오는 것을 생각하면 앞으로 테니스 산업에 엄청난 변화를 일으킬지도 모르는 실험이다. 또한 게임 횟수를 짧게 줄이고, 관중이 경기 시간 동안 관중석에서 자유롭게 이동하는 것을 허용하고, 경기 도중에도 선수가 코치와 소통할 수 있게 하는 등 전통적인 관행을 많이 바꿨다.

2018년 대회 결승에서는 한 발짝 더 나아간 변화를 시도했다. 주심에게 호크아이로 수집한 데이터를 실시간으로 보내는 것이다. 그래서 주심이 판정을 내릴 때마다 호크아이를 참고하게 해 오심을 막았다. 또한 선수에게도 비디오 판독 신청 횟수를 무제한으로 허용했다. 보통의 대회에서 선수가 한 세트에 세 번까지 챌린지를 신청할 수 있다는 사실을 생각해 보면 어마어마한 변화다.

오랜 전통을 자랑하지만 그만큼 보수적이기도 한 테니스에도 미래에는 다양한 변화가 있으리라 예측해 볼 수 있다.

편파 판정은 왜 사라지지 않을까?

스포츠 경기의 다양한 오심 중에서도 우리나라의 많은 사람이 또렷하게 기억하는 억울한 판정이 있다. 바로 2012년 런던올림픽 펜싱 경기에서 우리나라 선수 신아람이 겪은 '눈물의 1초' 사건이다.

펜싱 여자 에페 개인전 준결승. 신아람과 독일의 브리타 하이데만이 나란히 5 대 5 동점인 상황에서 연장전이 시작되었다. 신아람은 어드밴티지펜싱 에페 종목 연장전에서 동점일 경우 주어지는 우선권. 어드밴티지가 있는 선수는 동점만 유지하면 승리할 수 있다. 이 우선권은 추첨으로 주어진다를 갖고 있었기 때문에 상대 선수의 공격만 잘 막아 낸다면 결승으로 직행할 수 있었다. 시간이 흐르고 어느덧 연장전도 단 1초만이 남았다. 하이데만이 시도한 두 차례의 공격을 신아람이 모두 막아 내며 경기가 끝났다. 그런데 이게 웬일일까? 갑자기 믿을 수 없는 일이 벌어졌다. 심판이 남은 시간을 1초 전으로 되돌려 경기를 재개한 것이다. 하이데만이 세 번째, 네 번째 공격을 더 시도하는 동안 남은 1초는 전혀 흐르지 않았다. 하지만 네 번째 공격에서 신아람이 결국 득점을 허용하자 마치 기다렸다는 듯이 시계의 숫자가 00:00이 되며 하이데만이 승리했다.

1초는 대체 왜 흐르지 않은 걸까? 시계가 고장이 난 걸까? 그게 아니라면 마치 누군가가 고의로 시간을 멈추기라도 한 걸까? 넋이 나간 듯한 표정으로 눈물을 흘리는 신아람 선수의 모습은 더없는 안타까움을 자아냈다.

그런데 더 큰 문제는 그다음에 있었다. 우리나라 대표팀 코치가 비디오 판독 신청과 이의 제기를 했지만 둘 다 받아들여지지 않았다. 6명의 테크니컬 디렉터가 모두 이의 신청을 거부한 것이다. 국제펜싱연맹의 규정에 따라 경기 종료는 심판이 결정한다는 것이 그 이유였다. 그러나 이는 변명일 뿐이다. 심판은 경기 종료를 선언하는 권한을 갖고 있으므로 설령 시계가 고장이 났다 하더라도 종료 선언을 충분히 번복할 수 있다. 그런데도 판정을 바꾸지 않은 것은 하이데만을 결승에 진출시키고자 하는 암묵적인 행위였다는 뜻이다.

오심과 편파 판정은 다르다

스포츠에서 잘못된 판정, 즉 오심은 늘 생긴다. 제아무리 공정하고 정확한 심판의 눈일지라도 인간이기에 실수를 하기 마련이다. 그래서 판정에 이의를 제기하고 싶을 때 재심을 신청할 수 있는 소청 제도가 있다. 비디오 판독 제도도 오심으로 입을 수 있는 피해를 줄이기 위한 방침으로 여러 종목에 도입되었다.

하지만 이의를 신청하거나 비디오 판독으로 분명히 오심을 확인했는데도 판정이 바뀌지 않는다면? 모든 구제 제도는 결국 심판과 감독관의 결정권에 속한다. 그들이 외면한다면 어쩔 수 없이 오심이 그대로 경기 결과에 반영될 수밖에 없다. 스포츠에서는 이런 경우를 오심과 구분해 '편파 판정'이라고 부른다. 특정 팀이나 선수에게 이익을 주겠다는 의도를 가지고 잘못된 판정을 내리는 경우다. 신아람의 경기에서 심판이 내린 석연치 않은 판정은 단순한 오심이 아니라 편파 판정이라고 봐야 옳다.

홈팀이 누리는 '홈 어드밴티지home advantage'도 때때로 편파 판정을 낳는다. 홈팀에게 익숙한 경기장의 환경이나 홈팬의 일방적이고 뜨거운 응원 등이 바로 홈팀의 승리에 유리하게 작용하는 요소, 즉 홈 어드밴티지다. 이를 좀 더 적나라하게 표현하자면 '홈경기 텃세'라고도 할 수 있다. 그런데 홈팀은 판정에서도 이득을 볼 때가 있다. 심판이 은연중에 홈팀에게 유리한 판정을 내리는 것이다. 만약 홈팀이라는 이유만으로 더 유리한 판정을 받는다면

이 역시 편파 판정이라 불러야 할 것이다.

편파 판정으로 얼룩진 레슬링

오심은 심판의 실수지만, 편파 판정은 고의적이므로 범죄라고 할 수 있다. 누구에게나 공정해야 하는 스포츠에 인간의 탐욕이 개입하면 편파 판정이 생긴다. 인종, 국적, 지역 등 배경에 따라 특정 선수에게 이득을 준다거나, 뒷돈을 받고 특정 선수에게 유리한 판정을 내리는 경우가 분명히 있다. 특정 국가, 기업, 인물이 스포츠 연맹이나 협회에 개입해 판정에 영향을 미치는 부당한 일은 지금도 사라지지 않고 있다. 따라서 편파 판정은 오심의 영역이 아니라 승부조작과도 같은 스포츠 범죄로 다뤄야 한다.

가장 오래된 스포츠 중의 하나로서 기나긴 올림픽의 역사와 함께해 온 레슬링은 올림픽에서 퇴출될 뻔한 위기를 겪었다. 그 이유는 다름 아닌 국제레슬링연맹의 부정부패였다. 국제레슬링연맹의 라파엘 마르티네티 회장이 특정 국가의 선수가 이기도록 편파 판정을 일삼아 온 사실이 드러난 것이다. 그는 거액의 후원금을 받아 연맹을 운영하며 자신의 가족을 고위 임원으로 앉혔고, 심판도 마음대로 배정했다. 그래서 국제올림픽위원회IOC는 2013년 2월

> **승부조작**
>
> 스포츠 경기의 결과나 과정을 미리 결정한 다음 이를 그대로 시행해 경기 내용을 왜곡하는 행위. 거액의 도박이 연루되어 있는 경우가 많다.

가장 오래된 스포츠 중의 하나로서 기나긴 올림픽의 역사와 함께해 온 레슬링은 올림픽에서 퇴출될 뻔한 위기를 겪었다.

12일 스위스 로잔에서 열린 집행위원회에서 레슬링을 25개 올림픽 핵심 종목에서 퇴출하는 결정을 내렸다. 이에 국제레슬링연맹은 부정부패를 없애 투명하게 연맹을 운영하겠다고 약속해 겨우 위기를 모면할 수 있었다.

2013년의 퇴출 결정은 자본과 권력이 어떻게 스포츠를 더럽히는지를 상징적으로 잘 보여 준다. 국제레슬링연맹과 같은 사례는 절대 있어서는 안 될 일이다. 그러나 안타깝게도 현실에선 종종 일어나기도 한다. 돈과 권력으로 연맹을 장악하고 심판을 매수하는 부정부패야말로 편파 판정이 사라지지 않는 가장 근본적인 원인이라고 할 수 있다.

반드시 지켜야 할 스포츠 윤리

우승을 거머쥔 챔피언에게는 엄청난 부와 명예가 주어진다. 올림픽 금메달을 딴 선수가 받는 포상금도 대단하지만 프로 세계에서 벌어들일 수 있는 돈은 상상을 초월한다. 야구 선수 류현진이 캐나다의 구단 토론토 블루제이스와 계약한 금액은 4년간 8,000만 달러^{약 931억 원}이고 손흥민이 축구 클럽 토트넘에서 한 해 동안 받는 연봉은 무려 110억 원에 이른다. 미국의 경제 전문지 〈포브스〉의 보도에 따르면, 미국의 복싱 선수 플로이드 메이웨더는 2010년부터 2019년까지 10년 동안 무려 9억 1,500만 달러^{약 1조 650억 원}를 벌어들였다.

그런데 스포츠를 통해 부와 명예를 쌓을 수 있는 길이 열리면서 몇몇 선수들과 관계자들은 점점 스포츠 윤리를 경시하게 되었다. 우승만 할 수 있다면 수단과 방법을 가리지 않겠다는 삐뚤어진 욕심이 생긴 것이다. 자신의 신체 능력 이상의 결과를 얻기 위해 약물을 복용하기도 하고 돈에 욕심을 내 승부조작을 하기도 한다. 무조건 이기면 된다는 잘못된 생각에 심판을 매수하는 일도 가끔씩 벌어진다. 우리는 이런 부정부패를 어떻게 보아야 할까?

팬들이 원하는 것은 물론 승리다. 그러나 이 승리는 반드시 '공정한 경쟁'을 전제로 한다. 그래서 팬들은 약물을 복용한 선수, 심판을 매수한 구단, 승부조작에 가담한 선수에게서 냉정하게 등을 돌리는 것이다. 돈과 권력에 오염된 스포츠가 팬들로부터 외면을 받는 것은 너무나 당연하다. 팬들의 외면을 받은 스포츠는 결코 살아남을 수 없다.

골프 선수 박세리는 2011년 10월 참가한 국제 대회에서 자신의 점수가 잘못 기입됐다고 스스로 신고해 실격됐다. 남아프리카공화국의 골프 선수 어니 엘스도 2017년 참가한 대회에서 실수로 공을 원래 위치에 놓지 않고 샷을 했다고 자진 신고한 적이 있다. 아무도 보지 못했고 누구도 지적하지 않은 자신의 실수를 스스로 밝혀 규칙을 지킨 선수들, 또 상대방을 배려하고 존중하는 스포츠맨십을 실천하는 선수들은 당연히 팬들에게 더욱 사랑을 받는다. 스포츠 윤리는 선수와 스포츠 관계자에게만 필요한 도덕이나 정신이 아니다. 팬들도 정정당당한 승부를 요구함으로써 스포츠 세계의 부정 방지에 많은 힘을 보탤 수 있다. 특히 언론과 시민, 체육인은 스포츠 단체가 공정하고 투명한지 늘 감시해야 한다.

월드컵의 비디오 판독은 정말 공정할까?

2018년 러시아월드컵 조별리그에서 모로코는 포르투갈에 0 대 1로 졌다. 모로코에게는 억울한 패배였다. 포르투갈이 후반전에 골대 앞에서 두 번이나 핸드볼을 저질렀지만 주심은 한 차례도 비디오 판독을 적용하지 않았기 때문이다. 프랑스와 호주, 스페인과 이란의 경기에서도 비디오 판독이 논란을 빚기는 마찬가지였다. 이 모든 논란은 공통점을 갖고 있다. 단지 우연이라고 보기엔 어려울 정도로 비디오 판독이 유럽 국가들에게 유리하게 적용됐다는 것이다. 러시아월드컵에선 총 18회의 비디오 판독이 있었고 이 중 14회가 유럽과 비유럽 국가의 경기였다. 그리고 14회 중 9회가 유럽 국가에 유리한 판정으로 이어졌다.

비디오 판독을 도입하고도 오심이 일어나는 사례는 월드컵에

완벽할 것 같은 비디오 판독을 도입하고도 월드컵에서는 왜 판정 시비가 일어날까?

만 있는 것이 아니다. 세계 각국의 축구 리그에서 공통적으로 일어나는 일이기도 하다. 비디오 판독은 완벽할 줄 알았는데, 왜 이런 일이 일어날까?

비디오 판독의 탄생

비디오 판독은 VAR이라고도 부르며 이는 Video Assistant Referees의 약자다. 단어 그대로 해석하면 비디오 보조 심판이지만 보통 비디오 판독이라고 말한다. 축구에서는 북미 세미프로리그가 2016년 8월 비디오 판독을 처음 도입했고 2018년 러시아월드컵에선 월드컵 역사상 최초로 비디오 판독이 도입됐다. 우리나라의 프로축구 리그인 K리그는 2017년 7월 아시아에서 최초로 비디오 판독을 도입했다. 인간의 눈보다 정확한 비디오 판독이 축구에서만 유용한 것은 아니다. 미국의 메이저리그와 한국 프로야구 리그, 농구와 배구에서도 비디오 판독을 시행하고 있다.

비디오 판독을 도입한 이유는 간단하다. 인간의 한계를 인정했기 때문이다. '오심도 경기의 일부다'라는 말은 스포츠 세계에 존재했던 전통적인 불문법이었다. 그러나 과학기술과 TV 중계 기술의 발달은 스포츠에서 인간의 한계를 더 이상 용납하기 어려운 현실을 만들어 냈다. 우리는 경기장에 가지 않아도 중계 화면으로 경기장보다 더 생생하고 실감나게 경기를 관전할 수 있다. 경기장 관람석에서는 자세히 관찰하기 어려운 파울 장면과 선수에 대한 정보, 경기에 대한 해설도 접할 수 있다. TV 중계는 심판이 놓친 반칙을 느린 화면으로 반복해 보여 준다. 그래서 시청자들은 모두 다 알고 있는데 심판만이 반칙임을 모르는 상황도 펼쳐진다. 당연히 오심에 대한 스포츠 팬들의 반발이 커진 것이 비디오 판독 탄생의 배경이다.

나는 네가 한 일을 알고 있다

그렇다면 비디오 판독은 어떻게 작동될까? 2018년 러시아월드컵에선 비디오 판독을 위해 경기장에 최대 서른일곱 대의 카메라가 설치됐고 비디오 판독을 담당하는 심판이 별도로 경기당 4명씩 배정됐다. 카메라는 그라운드 곳곳에서 벌어지는 모든 움직임을 화면으로 담아낸다. 비디오 판독 심판은 비디오 판독실에서 카메라들이 보내오는 모든 영상을 관찰하고 관찰 도중 그라운드의 심판이 발견하지 못한 반칙이 발생할 경우 경기장 주심에게 관련 내용을 전달한다. 반대로 주심도 의심쩍은 장면은 비디오 판독실에 판독을 요청할 수 있다.

그러나 비디오 판독 결과가 무조건 그대로 받아들여지는 것은 아니다. 비디오 판독은 참고 자료로만 활용될 뿐 비디오 판독 결과를 따를지는 최종적으로 주심이 결정한다. 최종 결정이 주심에게 있다는 것은 주심이 비디오 판독 결과를 인정하지 않을 수도 있다는 것을 의미한다.

그런데 만약 모든 반칙에 대해서 심판이 비디오 판독을 적용하면 어떻게 될까? 경기가 10분 이상 이어지지 못할 수도 있다. 또 비디오 판독을 확인하는 시간을 평균 2분씩만 잡아도 경기 시간이 지나치게 길어질 수도 있다. 비디오 판독을 무제한으로 적용하면 아마도 축구는 굉장히 지루하고 재미없는 경기로 전락하게 될 것이다. 그래서 비디오 판독은 중요한 반칙에만 사용할 수 있다. 득점 선언, 페널티킥 선언, 레드카드에 따른 퇴장, 잘못된 퇴장이라는 네 가지 경우에만 적용할 수 있도록 규정되어 있다.

비디오 판독으로 바뀐 그라운드

비디오 판독은 그라운드를 어떻게 바꿔 놓았을까? 2018년 러시아월드컵에서 비디오 판독은 한국 대표팀의 운명을 바꿔 놓았다. 마지막 조별리그 경기인 3차전에서 한국은 독일을 2 대 0으로 이겼다. 후반 48분 김영권이 선제골을 터뜨렸을 때 부심은 오프사이드를 선언했지만 주심은 곧바로 비디오 판독을 요청한 다음 화면을 확인하고 골로 인정했다. 만약 비디오 판독이 없었다면 오프사이드로 무효 골 처리가 될 수도 있었다. 그랬다면 독일전 승리는 장담하기 힘들었을 것이다.

한국뿐만이 아니다. 월드컵 출전 32개 나라가 모두 비디오 판독에 웃기도 하고 울기도 했다. 비디오 판독은 2018년 러시아월드컵을 바꿔 놓은 것이다. 가장 눈에 띄는 변화는 페널티킥이 엄청나게 늘었다는 것이다. 페널티에어리어에서 심판이 놓친 반칙을 비디오 판독이 잡아냈기 때문이다. 이렇게 많아진 페널티킥은 승부에 결정적인 영향을 미쳤다. 2018년 러시아월드컵에서 페널티킥은 모두 29개로 월드컵 역사상 가장 많았다. 그전까지는 2002년 한일월드컵에서 나온 18개가 가장 많았다는 것을 감안하면 비디오 판독이 얼마나 많은 영향을 미쳤는지 알 수 있다.

우리나라 대표팀이 준우승을 차지한 2019년 U-20 월드컵에서도 비디오 판독은 승부에 많은 영향을 미쳤다. 특히 우리나라와 세네갈의 8강전에선 무려 일곱 차례의 비디오 판독과 다섯 번의 판정 번복이 이뤄졌다. 2019년 U-20 월드컵에서도 페널티킥은 폭증했고 이것 역시 비디오 판독의 영향이라고 할 수 있다. 더 나아가 늘어난 페널티킥은 장기적으로는 반칙을 줄일 수도 있다. 비디오 판독으로 페널티에어리어에서의 반칙이 모두 적발된다는 것을 깨닫게 된 선수들은 반칙을 줄이려고 노력할 것이고 이렇게 되면 2022년 카타르월드컵에선 페널티킥이 러시아월드컵에 비해 상당히 줄어들 수 있다.

비디오 판독으로 인한 변화는 페널티킥 증가뿐만이 아니다. 심판 판정의 정확성이 높아지는 효과도 함께 거두고 있다. 비디오 판독의 목

> **페널티에어리어**
>
> 골키퍼가 공을 손으로 쥘 수 있는 구역. 이 구역 안에서 상대 선수가 반칙하면 페널티킥이 발생한다.

2018년 러시아월드컵에서 페널티킥은 월드컵 역사상 가장 많은 29개를 기록했다.

적에 맞는 긍정적 변화라 할 수 있다. 비디오 판독 도입이 공정성에 대한 요구이다 보니 심판으로선 당연히 판정의 정확성을 높이기 위해 노력할 수밖에 없다는 것을 감안하면 당연한 결과라고도 할 수 있다. 실제로 우리나라의 프로축구 리그인 K리그의 판정 번복 횟수는 2017년 2.95경기당 1회에서 2018년 4.3경기당 1회로 줄어들었다. 판정 번복 횟수가 줄어든다는 것은 최초 판정이 정확했던 경우가 많다는 뜻이기 때문에 비디오 판독의 영향으로 인해 판정의 정확성이 높아졌다고 평가할 수 있다. 축구에선 비디오 판독을 의식해 선수들의 퇴장성 반칙과 페널티에어리어에서의 반칙이 줄어들고 있다는 것도 의미 있는 변화 중의 하나다.

비디오 판독은 과연 완벽할까?

비디오 판독이 도입될 때 사람들은 비디오 판독을 100퍼센트 신뢰했다. 당연하다. 컴퓨터가 하는 일이니 오류가 있을 리 없다고 믿었기 때문이다. 그러나 뜻밖에 비디오 판독에도 끊임없이 불만이 제기되고 있다. 심지어 비디오 판독 판정에서 오심까지 발생하고 있다. 전혀 예상치 못했던 일이라고 할 수 있다. 그러나 비디오 판독에서 발생하는 불만과 오심을 주의 깊게 살펴보면 우리는 하나의 교훈을 얻을 수 있다. '모든 것은 결국 사람'이라는 원초적인 깨달음이다. 비디오 판독에서 발생하는 불만과 오심도 결국 비디오 판독 자체의 문제가 아니라 비디오 판독을 운용하는 사람의 문제라는 것이다. 비디오 판독을 판정에 적용하는 것이 주심의 권한이다 보니 주심이 비디오 판독을 적용하느냐 안 하느냐에 따라 피해를 보거나 이익을 보는 팀으로 갈라진다. 예를 들어 페널티에어리어에서 팔을 쓰는 반칙이 나왔다고 상상해 보자. 비디오 판독 화면에서는 분명히 팔을 썼다. 그러나 이 동작이 의도적인지 또는 연속된 움직임에서 나온 어쩔 수 없는 팔 동작인지의 여부는 결국 주심이 판단한다.

분명히 비디오 판독에 대한 비난과 불신은 존재한다. 하지만 비디오 판독의 도입으로 이전보다 판정의 정확성이 높아졌다. 그렇다면 무엇을 어떻게 해야 될까? 답은 간단하다. 현재 드러나고 있는 문제점을 찾아 보완하는 것이다. 인간이 운영하는 제도가 100퍼센트 완벽할 수는 없다. 그러나 명확한 것은 완벽에 가까워지도록 끊임없이 노력해야 한다는 것이다. 비디오 판독도 마찬가지다.

1997년 개봉한 영화 〈제리 맥과이어〉에서는 회사에서 쫓겨난 주인공 톰 크루즈이 고집불통인 미식축구 선수 쿠바 구딩 주니어와 우정을 나눈다. 주인공은 그가 새로운 팀과 좋은 조건의 계약을 하도록 도우면서 자신도 화려하게 재기한다. 영화에 나오는 톰 크루즈의 직업이 바로 스포츠 에이전트다.

메이저리그에서 활동하는 야구 선수 류현진이 자유계약선수 FA 자격을 얻어 새로운 팀을 찾을 때 뉴스에 스캇 보라스라는 이름이 자주 등장했다. 메이저리그에서 가장 유명한 스포츠 에이전트인 보라스는 탁월한 협상 능력으로 예상을 훨씬 뛰어넘는 대형 계약을 성사시키기로 유명하다.

스포츠 에이전트는 운동선수가 팀에 입단하거나 연봉 계약

또는 스폰서십, 초상권 등의 계약을 할 때 당사자를 대신해 협상에 나서는 대리인을 말한다. 고객인 운동선수가 경제적 이익을 얻고 경기와 훈련에만 집중할 수 있도록 돕는 역할이다.

과거에는 스포츠 에이전트라는 직업이 낯설었다. 몇몇 유명한 선수들을 제외하면 스포츠 에이전트와 계약하는 일이 드물었다. 하지만 지금은 이미 이름을 알린 선수들은 물론 어린 유망주나 무명 선수들도 스포츠 에이전트와 계약을 맺는 일이 자연스러워졌다. 이에 따라 스포츠 에이전트라는 직업이 예전보다 널리 알려지게 되었다.

스포츠 에이전트가 국내에서 주목받기 시작한 것은 2002년 한일 월드컵 직후부터다. 우리나라 선수들이 월드컵에서 좋은 기량을 보이자 해외 구단으로부터 관심이 쏟아졌다. 자연스럽게 일을 대신 처리해 줄 스포츠 에이전트 수요가 늘었다. 또한 스포츠 마케팅에 대한 기업들의 관심이 커지면서 스포츠 에이전트의 활동이 더욱 활발해졌다.

한국에서 스포츠 에이전트가 가장 활발하게 활동하는 분야는 골프와 축구다. 골프는 기업이 대회 후원은 물론 선수 개인에 대한 후원도 다양하게 하는 편이다. 미국프로골프에서 꾸준히 활약하는 선수들은 오래전부터 스포츠 에이전트의 전문적인 도움을 받고 있다. 대회 상금뿐만 아니라 광고나 스폰서십 계약을 통해 많은 수입을 올리고 있다. 해외가 아닌 국내에서 활약하는 선수들도 대부분 에이전트와 함께한다.

축구에서는 스포츠 에이전트가 1990년대부터 활발하게 활동했다. 축구는 프로 스포츠 가운데 가장 먼저 에이전트 제도를 인정했다. 다만 축구에서 공인 에이전트로 활동하려면 국제축구연맹FIFA의 에이전트 자격시험을 통과해야만 한다.

다른 종목들은 2017년까지 스포츠 에이전트를 공식저으로 인정하지 않았다. 하지만 프로야구에서는 변화의 조짐이 보인다. 2018년부터 국내 프로야구가 에이전트 제도를 도입한 이후에는 미국의 메이저리그처럼 자유계약선수들이 새로운 팀을 찾을 때 에이전트가 깊이 관여하고 있다. 프로배구나 프로농구 등 다른 종목도 해외 선수를 국내에 영입하거나 국내 선수를 해외로 진출시킬 땐 에이전트의 도움을 받을 수 있다.

그렇다면 스포츠 에이전트가 되려면 어떤 능력이 필요할까? 스포츠 에이전트의 기본 역할은 각종 계약을 대신 해주는 일이다. 당연히 법률적, 재무적 전문 지식을 갖춰야 한다. 물론 별도의 변호사나 회계사를 고용해 도움을 받는 경우도 있다. 그렇더라도 에이전트가 제대로 일을 처리하기 위해선 계약 체결에 필요한 지식을 잘 알아야 한다. 스포츠 분야에 대한 전문 지식과 열정도 필요하다.

스포츠 에이전트가 되기 위해서는 스포츠마케팅학이나 스포츠매니지먼트를 전공하면 도움이 된다. 하지만 전공이나 자격증이 중요한 것은 아니다. 법적인 지식이 필요하기에 법학 전공도 도움이 된다. 해외에 진출하려는 선수들의 스포츠 에이전트에게는 뛰어난 외국어 실력도 필요하다. 좋은 조건의 계약을 이끌어 내기 위해서는 국내외 스포츠 시장의 동향을 파악하고 선수의 성적이나 경기 결과를 분석하는 능력도 요구된다.

무엇보다 스포츠 에이전트는 다른 사람을 배려하는 마음을 필요하다. 사람과 사람 사이에 다리를 놓는 직업이기 때문이다. 스포츠 에이전트는 계약 당사자인 운동선수는 물론 선수 가족, 구단 및 협회 관계자, 미디어 등 수많은 사람과 상대해야 한다. 원만한 대인관계와 타인에 대한 공감 능력이 없다면 좋은 에이전트가 되기 어렵고 성공할 수 없다.

스포츠 선수에게는 뛰어난 신체 능력도 중요하지만 강한 정신력도 필요하다. 스포츠 심리 상담사는 선수의 마음을 돌보아 경기력을 높이는 데 도움을 주는 사람이다. 다른 종목보다 높은 집중력과 흔들리지 않는 정신력이 필요한 골프나 양궁 선수들은 아예 개인적으로 스포츠 심리 상담사를 고용해 훈련하기도 한다.

스포츠 심리 상담의 목적은 주로 선수들의 경기력 향상이다. 선수들은 스포츠 심리 상담사와의 상담을 통해 자신감을 키우고 집중력을 높일 수 있다. 스포츠 심리 상담사는 경기에 나서는 운동선수뿐만 아니라 선수의 가족이나 코치, 감독 등 지도자에게도 상담과 교육을 하고 있다.

상담의 내용은 광범위하다. 경기력이 떨어지면서 생기는 고민이나 스트레스, 경기에 대한 심리적 압박이나 부담에서부터 함께 운동하는 동료와의 관계나 연애 고민 같은 개인적인 문제에 이르기까지 다양하다. 학생 선수의 경우에는 학업 성적이나 진로 문제에 대한 고민까지도 상담할 수 있다.

스포츠 심리 상담은 운동선수들에게 더 이상 낯선 분야가 아니다. 협회나 구단에서도 공식 훈련 프로그램으로 투입을 하는 사례도 많아지고 있다. 아시안게임, 올림픽 등의 큰 대회들을 대비해서 몇 달, 또는 몇 년 전부터 심리 훈련 프로그램을 가동하는 협회도 생겨나 선수 전체가 모두 심리 훈련을 주기적으로 받을 수 있는 혜택을 누리고 있기도 하다. 그에 따라 스포츠 심리 상담사에 대한 수요도 꾸준히 늘어나고 있는 추세다.

스포츠 심리 상담사가 되려면 대학원 졸업 이상의 학력이 필요하다. 스포츠 환경과 선수에 대한 이해가 필요한 직업이기에 체육학과에 진학하면 좋다. 심리학과, 상담심리학과와 같은 심리학 관련 학과나 교육학과, 청소년학과 등 교육 관련 학과에 진학하는 것도 도움이 된다.

국가 자격증으로는 청소년상담사 자격증이 있고 스포츠심리 상담사, 스포츠카운슬링 등의 민간 자격증도 있다.

2장

복잡한 규칙, 왜 생겼을까?

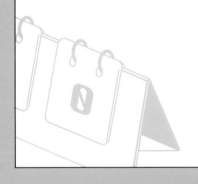

스포츠 경기의 규칙은 끊임없이 변화하고 있다.
스포츠 협회와 리그는 팬들의 인기를 얻기 위해
꾸준히 규칙을 바꾼다.

메이저리그에서는 왜 투수도 타석에 설까?

우리나라 투수 류현진의 뛰어난 활약으로 미국의 프로야구 리그인 메이저리그에 관심을 갖는 국내 팬이 많아졌다. 그런데 메이저리그를 보다 보면 우리나라의 프로야구 경기에는 없는 풍경을 볼 수 있다. 우리나라에서는 투수가 타석에 서지 않는다. 하지만 메이저리그에 진출한 류현진은 팀이 공격을 할 때 타석에 나서 방망이를 휘두른다. 이는 국내 프로야구와는 달리 지명타자가 없기 때문이다. 지명타자란 수비는 하지 않고 투수 대신 공격을 전담하는 타자를 뜻한다. 즉 지명타자 제도는 오직 공격만 하는 선수 1명을 출전 선수 명단에 넣을 수 있는 규정이다.

류현진이 소속된 팀인 LA다저스는 메이저리그 내에서 내셔널리그National League에 속해 있다. 메이저리그는 내셔널리그와 아메

LA다저스의 투수 류현진이 2018년 4월 애리조나 피닉스와의 경기에서 타석에 섰다.

리칸리그American League라는 두 가지 리그로 나뉘고, 각 리그에 15개 팀이 있다. 아메리칸리그에는 우리나라와 일본의 프로야구에서처럼 지명타자 제도가 있지만 내셔널리그에는 없다. 이런 차이가 생긴 이유는 무엇일까?

지명타자 제도가 야구의 인기를 높였다?

메이저리그에서 지명타자 제도를 처음 도입한 것은 1973년부터다. 팬들이 재미있게 야구 경기를 관람하게 해서 리그를 흥행시키기 위해서였다. 메이저리그의 인기에는 여러 가지 요소가 있지만 투수와 타자 간의 균형이 매우 중요하다. 점수가 많이 나는 '타격전'과 점수가 적게 나는 '투수전'이 한 시즌 동안 고르지 못하고 어느 한쪽으로 치우치면 팬들이 흥미를 잃는다.

지명타자는 타격에 특화한 선수로 팀의 공격력을 높인다. 아메리칸리그는 지명타자 제도를 채택한 이래 지금까지 내셔널리그보다 평균 타율이 높아졌다. 그리고 타율만 높아진 게 아니라 관중 수도 늘어났다. 과거 '0점'의 행렬이 계속되는 잦은 투수전에 식상해진 팬들은 점수가 더 많이 나는 아메리칸리그에 열광하기 시작했다.

아메리칸리그는 인기가 높아지자 자연히 내셔널리그보다 더 많은 수입을 올렸다. 그러자 아메리칸리그의 라이벌인 내셔널리그는 비상이 걸렸다. 여전히 투수가 타석에 들어서야 했던 내셔널리그는 급기야 1980년 지명타자 제도에 대한 찬반 투표를 실시했다. 하지만 결과는 반대가 우세했다. 수비할 때는 벤치에 앉아 있다가 공격할 때만 타석에 들어서는 지명타자가 야구의 전통과는 맞지 않는다는 이유였다. 1876년에 창설된 내셔널리그는 1901년부터 시작된 아메리칸리그보다 더 오랜 역사를 지니고 있다. 투수를 포함한 모든 출전 선수가 타석에 들어서야 한다는 전통을 지키고자 한 셈이다. 이 취지에 공감해 박수를 보낸 팬들도 있었다. 하지만 그렇지 않은 팬들은 내셔널리그의 보수적인 판단에 고개를 돌렸다.

하지만 최근 내셔널리그에도 지명타자 제도를 도입할 가능성이 다시 제기되고 있다. 경기 시간을 최대한 줄이는 것이 그 무엇보다 중요해졌기 때문이다. 현대의 관중은 짧은 시간 동안 짜릿한 장면을 보길 원한다. 그런 욕구에 따라 야구 경기 규정도 바뀌어야 할 필요가 생긴 것이다. 메이저리그는 2017년 시즌부터 관중 수가 연평균 3만 명 이하로 떨어졌는데, 팬이 줄어든 원인에는 여러 가지가 있겠지만 우선 경기 시간이 너무 길다는 점이 꼽힌다. 2018년 메이저리그에서 한 경기가 끝나는 데 걸린 평균 시간은 3시간 4분이나 되었다. 특히 내셔널리그에서는 투수가 타석에 설 차례에 대타를 기용하는 경우가 자주 발생해 경기 시간이 더욱 지연되는 상황이 자주 생긴다. 이런 이유로 내셔널리그에서도 지명타자 제도를 채택해야 한다는 의견이 설득력을 가지게 됐다.

2019년 류현진은 메이저리그 전체에서 평균자책점 1위를 기록해 리그 최고의 투수에게 수여되는 사이영상의 강력한 후보로 거론되었

> **평균자책점**
>
> 투수가 한 경기 동안 상대팀에 내준 점수의 평균. 9이닝 동안 투수가 내준 자책점의 평균값을 뜻한다. 승률, 탈삼진 등과 더불어 투수의 실력을 가늠하는 대표적인 지표다.

다. 그의 평균자책점은 2.32로, 홈런과 득점이 많이 나와 '타격의 시대'로 불리는 현재 메이저리그의 추세에서 드문 기록이다. 득점이 계속 나와 경기 시간이 지루할 만큼 길어지는 요즘 추세에서 엄청난 볼거리를 선사했다고 볼 수 있다.

스포츠 규칙과 인기의 상관관계

지명타자 제도가 생긴 배경에서 이해할 수 있듯 흥미진진한 야구 경기는 선수 개인의 화려한 플레이에만 달려 있는 것이 아니다. 규칙은 경기의 흐름과 긴장감을 조율하는 데 엄청난 영향을 미친다. 메이저리그 사무국에서는 타자와 투수 중 어느 한쪽이 지나치게 강세를 보이는 쏠림 현상을 개선하기 위해 경기 규칙을 지속적으로 바꾸어 왔다. 당연히 최종 목표는 리그의 인기가 떨어지는 것을 막는 것이다.

사실 규칙은 모든 스포츠 경기를 볼 때 가장 기본적이고 중요한 부분이다. 규칙에 대한 이해가 부족하면 경기를 관람할 때 그

흐름을 파악하기 힘들고 그러면 흥미를 느끼기 어렵다.

그렇기에 경기 규칙은 특정 스포츠 경기의 인기도에 결정적 영향을 미칠 수 있다. 경기 규칙이 지나치게 복잡하거나 이해하기 어렵다면 그 스포츠 경기를 직접 하기도 힘들고 관람하는 것도 어려워지기 때문이다.

메이저리그는 1970년대부터 지명타자 제도를 채택해 공격력 강화를 꾀하면서 흥행에 성공할 수 있었다. 최근에는 경기 시간을 줄이기 위해 갖가지 경기 규정의 변화를 추구하고 있다. 경기 규정과 관련된 트렌드의 변화는 모두 리그의 인기를 높이기 위한 비즈니스 전략과 맥이 닿아 있다.

이러한 이유로 스포츠 경기의 규칙은 한 번에 모두 만들어지거나 고정된 것이 아니라 끊임없이 변화하고 있다. 경기 규칙을 관리하는 스포츠 협회와 리그는 팬들의 관심을 높이고 더 많은 관중을 경기장이나 TV 앞으로 끌어들이기 위해 의도적으로 경기 규칙을 바꾼다. 우리가 즐겨 보는 야구, 축구, 농구 등 거의 모든 스포츠가 이런 상황에서 자유롭지 못하다.

투수의 마운드 높이가 달라진 이유

지명타자 제도 말고도 리그의 흥행을 위해 바뀌어 온 또 다른 규정이 있다. 대표적인 것이 투수가 공을 던질 때 서는 마운드의 높이다. 마운드의 높이는 경기의 흐름에 어떤 영향을 주는 걸까?

이를 이해하려면 메이저리그에서 마운드의 높이가 처음으로 바뀌었던 1960년대로 거슬러 올라가야 한다.

1960년대 메이저리그는 타자가 강세를 보이는 요즘의 야구 경기와는 달리 투수의 전성 시대였다. 그 이유로는 먼저 스트라이크존투수가 던진 공이 스트라이크로 판정되는 범위의 공간 규정을 꼽을 수 있다. 당시 1963년부터 스트라이크존이 넓어지면서 타자들의 타율이 떨어지고 홈런 개수도 줄어들었다. 반대로 투수들의 탈삼진 숫자는 늘어났고 평균자책점도 낮아졌다. 넓은 스트라이크존 때문에 타자들은 삼진을 당할 가능성을 더 크게 의식해야 했다. 투수들에게 끌려 다니는 경향이 짙어졌던 셈이다.

야간 경기의 횟수가 늘어난 점도 투수의 전성 시대를 이끈 중요한 요소였다. 저녁에 하는 경기는 빠른 공을 던지는 강속구 투수에게 유리한 반면 타자에게는 불리했다. 조명에만 의존해 투수가 던진 공에 빠르게 반응해야 했기 때문이다. 여기에 당시 야수들의 글러브가 점점 커져서 타구를 잡아내기에 더욱 쉬워졌다는 점도 빼놓을 수 없다. 또한 흰색 야구공이 아닌 색깔이 있는 공은 사용이 금지되어 타자에게 더욱 불리했다. 타석에 들어서면 시야에 들어오는 펜스 위의 커다란 광고도 타자의 집중력과 시선을 분산시키는 데 영향을 미쳤다.

투수가 강세를 보이는 현상은 1968년 절정에 달했다. 메이저리그에서 무려 7명의 선발 투수가 2점 이하의 평균자책점을 기록할 정도로 1968년은 '투수의 시대'였다. 쉽게 말해 당시 이 7명의 투수가 등판할 경우 상대 팀은 2점도 뽑아내기 어려웠다. 내셔널리그의 야구팀 세인트루이스 카디널스의 강속구 투수 밥 깁슨의 평균자책점은 무려 1.12였으며, 아메리칸리그 최고의 투수 루이 타이언트의 평균자책점은 1.60이었다.

문제는 이와 같은 득점력 저하에 팬들이 부정적 반응을 보여 경기장의 관중 수가 줄어들기 시작했다는 점이었다. 호쾌한 타격전을 기대한 팬들은 안타, 홈런과 득점이 줄어들자 점차 야구에 흥미를 잃기 시작했다.

팬들이 등을 돌리자 다급해진 메이저리그 사무국은 경기 규칙 변경을 논의했다. 그들이 머리를 맞대고 가장 먼저 주목한 부분은 투수 마운드의 높이였다. 마운드가 높을수록 투수가 던지는 공, 특히 빠른 공의 위력이 강해지기 때문이다. 1968년까지 메이저리그가 기준으로 삼고 있던 마운드의 높이는 15인치^{약 38센티미터}였는데, 그마저도 엄격하게 지켜지지 않았다. 아메리칸리그의 팀인 클리블랜드 인디언스는 1940년대부터 15인치가 넘는 높이의 마운드에서 홈경기를 펼쳤다는 의심을 받기도 했다. 내셔널리그의 LA다저스도 전략적인 측면에서 마운드의 높이를 높였다. 당시 LA다저스에서는 당대 최고의 투수인 샌디 쿠펙스와 돈 드라스이데일이 활약한 데다 높은 마운드까지 더해져 홈 경기에서 투수력을 최고로 높일 수 있었다.

이와 같은 상황을 고려해 메이저리그 사무국은 마운드의 높이를 10인치로 낮췄다. 그 효과는 바로 드러났다. 1969년에 경기당 득점이 8.14점으로 늘어났다. 1968년 경기당 득점이 6.84점에 불과했다는 점을 고려하면 엄청난 증가였다. 한 번 떨어진 경기당 관중 숫자가 득점력이 높아졌다고 해서 1969년 곧바로 상승하지는 않았지만 1970년부터 메이저리그 관중은 꾸준히 늘어나기 시작했다.

아직도 현재진행형인 야구 규칙 논쟁

마운드 높이에 대한 논쟁은 지금도 이어지고 있다. 기존보다 마운드의 높이를 더욱 낮춰야 한다는 주장이 함께 제기되고 있다. 메이저리그 투수들의 삼진 개수가 너무 많아 경기 시간을 길게 만든다는 주장 때문이다. 메이저리그의 삼진 개수는 2005년에 3만 개를 약간 웃도는 정도였지만 2018년에는 4만 개가 넘을 정도로 급격하게 늘어나고 있는 추세다. 투수가 삼진을 잡으려면 최소 3개 이상의 공을 한 타자에게 던져야 하므로 경기 시간이 그만큼 늘어나게 된다는 지적이 끊이지 않는다.

하지만 여기에는 반론도 만만치 않다. 마운드의 높이를 더욱 낮추면 그만큼 득점이 늘어나기 때문에 자연스레 경기 시간도 늘어난다는 반대 의견도 강하다. 앞서 설명했듯 최근 미국 야구계에서는 경기 시간을 줄여야 할 필요성이 점점 더 활발하게 제

최근 국내 프로야구에서도 메이저리그처럼 타자들이 강세를 보이고 있다.

기되고 있다. 그래서 실제 마운드 높이가 재조정될 가능성은 높지 않은 상황이다. 오히려 투수가 20초 이내에 반드시 공을 던지도록 제한 시간을 두는 규정과 한 번 마운드에 오르면 최소 3명 이상의 타자를 상대해야 하는 규정이 경기 시간을 단축하는 데 훨씬 더 효과적이라는 의견이 더 지배적이다.

우리나라의 프로야구 리그는 어떨까? 1999년 타자가 투수보다 강세를 보이는 '타고투저打高投低' 현상이 강해지면서 2000년 마운드의 높이를 10인치에서 13인치로 높였다. 하지만 2006년 평균자책점이 2.00대인 투수가 9명이나 등장하자 2007년에 13인치였던 마운드의 높이를 다시 10인치로 낮췄다. 다시 말해 마운드의 높이를 낮춘 이유는 공격력의 강화를 유도하기 위해서였다.

국내 프로야구도 최근의 메이저리그처럼 타자들이 강세를 보이고 있다. 2018년은 투수들의 평균자책점이 5.17을 기록할 정도로 투수력이 크게 떨어진 시즌이었다. 2019년의 국내 프로야구 평균자책점은 2018년보다는 낮아졌지만 아직도 타고투저 현상은 지속되어 리그의 인기에 부정적 영향을 미친다는 지적이 나온다. 이를 개선하기 위해 국내 프로야구 리그는 다시 마운드의 높이를 높여야 할지도 모른다.

동점이면 2점이 더 필요한 '듀스', 왜 생겼을까?

2013년 11월 26일 우리나라 남자 프로배구에서 놀라운 기록이 나왔다. 대한항공과 러시앤캐시가 맞붙은 경기에서 한 세트 최다 득점 신기록이 나온 것이다. 3세트의 최종 점수는 56 대 54. 치열한 접전 끝에 대한항공이 3세트를 이겼다. 배구는 총 5세트 경기에서 3세트를 먼저 따내면 승리하는 경기로, 1세트부터 4세트까지는 25점을 먼저 따내면 이긴다. 세트스코어가 2 대 2가 되면 마지막 5세트를 벌이는데, 5세트에서는 15점만 먼저 획득하면 이긴다. 그런데 배구에서 56 대 54? 농구에나 있을 법한 점수가 나온 이유는 무엇일까? 간단하다. 듀스 때문이다. 이날 3세트에선 무려 서른한 번의 듀스가 나왔다. 듀스는 마지막 25점은 반드시 2점을 앞서서 따내야 승리가 인정되는 규칙이다. 그러니까 25 대

23이 돼야 세트 승을 가져갈 수 있는데, 24 대 24가 되면 어느 한 팀이 2점 차 이상으로 앞서야 승부가 결정된다. 3세트 점수가 56 대 54였다는 것은 어느 한 팀이 두 점을 앞서지 못한 채 한 점씩을 주고받으며 54 대 54까지 왔다는 것을 뜻한다. 54 대 54에서 대한항공은 연속으로 2점을 뽑아내 길고 길었던 3세트를 56 대 54로 승리할 수 있었다.

축구·야구에는 없고 배구·테니스에는 있는 듀스

스포츠에서 1점 차 승리는 '짜릿하다'고 표현할 만큼 긴장감이 넘친다. 언제 어떻게 승부가 뒤집어질지 모르기 때문이다. 그래서 재미있다. 그러나 듀스가 있는 배구, 탁구, 세팍타크로, 테니스 등에서 1점 차 승리는 없다. 왜 듀스를 만들었을까? 듀스가 있는 종목과 없는 종목의 차이점은 무엇일까?

1점 차 승부를 인정하지 않는 종목의 첫 번째 특징은 구기 종목이라는 것이다. 그런데 같은 구기 종목인 축구, 야구엔 듀스가 없고 배구, 탁구, 테니스 등엔 듀스가 있다. 네트 너머로 공을 넘겨 득점을 따내는 네트 종목에만 듀스가 있는 것이다.

두 번째 특징은 경기 시간에 제한이 없다는 점이다. 축구의 경기 시간은 전·후반 각 45분씩 총 90분이다. 농구는 10분^{한국 프로농}구이나 12분^{미국 프로농구}씩 4쿼터, 필드하키는 15분씩 4쿼터로 총 60분, 핸드볼은 전·후반 각 30분씩 총 60분으로 경기 시간이 정해

서브는 배구를 비롯한 네트 종목에 듀스가 필요한 결정적 이유다.

져 있다. 야구는 시간 제한은 없지만 9이닝으로 공격과 수비 횟수에 제한을 두고 있다. 반면 배구는 25점, 탁구는 11점을 시간에 관계없이 먼저 따내는 팀이 이긴다.

득점 방식과 무제한인 경기 시간 외에도 네트 종목에는 또 다른 공통점이 있다. 무엇일까? 바로 서브다. 이는 듀스가 생긴 결정적 이유이기도 하다.

서브에 죽고 서브에 사는 네트 종목

네트 종목에는 중요한 특징이 있다. 경기가 시작되는 방식이다. 축구는 첫 번째 킥인 킥오프로 경기가 시작되고 공이 사이드라인 밖으로 나가면 드로우인, 반칙이 나왔을 경우엔 프리킥으로 경기가 재개된다. 야구는 투수가 공을 던지는 것으로 경기를 시작한다. 그렇다면 네트 종목은 어떨까? 반드시 서브로 경기를 시작한다.

서브는 네트 종목에서 득점에 적지 않은 영향력을 미친다. 플레이의 시작이기도 하지만 서브를 넣는 선수나 팀에게 강력한 공격 무기로 활용된다. 배구나 테니스, 탁구 등의 중계방송에서 해설위원들이 공통적으로 하는 설명이 있다. "서브 게임을 반드시 이겨야 한다", "서브 게임을 놓치면 어려워진다", "강력한 서브를 가진 선수가 주도권을 갖는다" 등의 이야기다. 서브를 넣는 선수는 상대 코트로 자유롭게 공을 날릴 수 있다. 그렇기에 서브권을 쥔 선수나 팀이 늘 경기의 주도권을 갖기 마련이다.

세계 정상급 테니스 선수들은 시속 200킬로미터가 넘는 엄청나게 빠른 서브를 구사한다. 미국의 테니스 선수 앤디 로딕의 서브는 시속 249킬로미터를 기록했다. 이외에도 미국의 존 이스너, 러시아의 다닐 메드베데프 등 시속 220킬로미터가 넘는 서브를 구사하는 선수들이 수두룩하다. 배구도 마찬가지다. 남자 프로 배구에서는 시속 120킬로미터가 넘는 빠른 서브로 상대 팀의 수비를 흔드는 선수들이 있다. 탁구에서는 회전이 많이 걸린 서브를 넣는 선수들이 강자로 군림한다. 이처럼 네트 종목에서 강력한 서브는 아주 치명적인 무기다.

듀스는 바로 이 서브가 강력한 공격 무기이기 때문에 생겨났다. 생각해 보자. 만약 듀스가 없다면 테니스는 6 대 5로 1세트를 이길 수 있고 탁구는 11 대 10으로 한 세트를 가져갈 수 있으며, 배드민턴은 21 대 20처럼 한 점차로 게임의 승패가 결정된다. 한 점차 승부일 경우 두 선수의 스코어를 합하면 6 대 5는 11, 11 대 10은 21, 21 대 20은 41처럼 짝수가 아니라 홀수가 된다. 스코어의 합이 홀수라는 것은 무엇을 뜻할까? 한 선수가 서브를 한 번 적게 넣었음을, 반대로 말하면 다른 한 선수는 서브를 한 번 더 넣었다는 것을 뜻한다. 서브는 득점에 많은 영향력을 미치는 공격 행위인데, 한 선수가 한 번 더 서브를 구사해도 괜찮을까? 괜찮지 않다. 불공정한 경기다. 그래서 네트 종목에서 듀스가 만들

종목	날짜	경기	최종 점수	경기 시간
한국 프로야구	2009년 5월 21일	기아 : LG	13 : 13 (12이닝 무승부)	5시간 58분
한국 프로농구	2009년 1월 21일	동부 : 삼성	135 : 122	3시간 17분 58초
한국 프로배구	2010년 11월 29일	대한항공 : 현대캐피탈	3 : 2	2시간 31분
윔블던 테니스 대회	2010년 6월 22~24일	존 이즈너 : 니콜라 마위	3 : 2	11시간 5분

국내 프로 스포츠와 해외 테니스의 최장 경기 시간

어진 것이다. 게임포인트_{게임의 최종 승패를 가리는 마지막 점수} 또는 세트포인트_{세트의 최종 승패를 가리는 마지막 점수}에서 반드시 2점 차로 앞서야 승리를 가져간다면 스코어의 합이 짝수가 된다. 이는 두 선수가 공평하게 서브를 같은 횟수로 넣었다는 것을 뜻한다.

결국 듀스는 서브라는 강력한 무기를 두 선수 또는 양 팀에게 공평한 횟수로 나누어 주는 '지혜의 신'이라고 할 수 있다.

사흘 동안 펼쳐진 테니스 경기

그런데 지혜의 신에게도 한 가지 고민은 있다. 만약 듀스가 끊임 없이 이어지면 어떻게 될까? 2010년 6월 23일 테니스 대회인 윔블던 남자 단식 1회전에서 엄청난 경기가 벌어졌다. 존 이스너^{미국}와 니콜라 마위^{프랑스}가 무려 11시간 5분에 걸치는 대접전을 펼친 것이다. 어느 한 선수가 두 게임을 잇따라 따내야 승패가 결정되는데, 마지막 5세트에서 어느 선수도 두 게임을 연속으로 이기지 못하자 경기는 2박 3일 동안이나 이어졌다. 접전의 승자는 존 이스너였다. 사흘이나 계속된 이 경기 때문에 대회 일정은 차질을 빚었고 두 선수는 모두 체력에 한계를 드러내기도 했다. 현지 언론은 "7시간째가 되자 이즈너는 거의 움직이지 못했고 마위는 만취한 사람처럼 보였다"라고 보도하기도 했다. 무한정 반복되는 듀스, 당연히 선수도 지치고 관중도 지친다.

이런 상황을 막기 위한 방법이 없을까? 그래서 테니스에는 타

배드민턴은 무한정 반복되는 듀스를 막기 위해 29 대 29가 되면 30점을 먼저 따내는
선수가 승리를 가져가도록 제한했다.

이브레이크tie break가 도입되었다. 무한정 반복되는 듀스를 막기 위해 새로운 규정을 만들어 낸 것이다. 테니스는 5세트 중 3세트를 먼저 이겨야 승리하는 경기다. 한 세트는 여섯 게임을 먼저 따내야 이기는데, 반드시 두 게임 차로 앞서야 한다. 따라서 한 세트는 게임스코어 6 대 4로 승패가 결정되지 않으면 8 대 6 또는 9 대 7처럼 두 게임을 앞서야 승패가 결정된다. 그러나 두 게임을 잇따라 따내려면 시간이 많이 걸린다. 타이브레이크는 6대 6 듀스 상황에서 두 게임을 더 따내지 않고 7점에만 먼저 도달하면 세트를 이기는 것으로 인정하는 규정이다. 타이브레이크는 1970년 테니스 4대 메이저 대회 중 하나인 US오픈에서 최초로 도입되었고, 2019년엔 다른 메이저 대회인 윔블던과 호주오픈에서도 도입을 결정했다. 타이브레이크의 구체적인 적용 방식은 주최 측에서 결정한다. 예를 들면 US오픈은 세트마다 타이브레이크를 적용하지만 윔블던은 마지막 5세트에만 적용한다.

그럼 다른 네트 종목은 어떨까? 배드민턴은 계속 반복되는 듀스를 방지하기 위해 29 대 29가 되면 30점을 먼저 따내는 선수가 승리를 가져가도록 듀스를 제한했다. 배구는 아직까지 듀스에 제한을 두지 않고 있다. 11점을 먼저 따내면 세트를 가져가는 탁구도 듀스에는 제한을 두지 않아 세트포인트에서 2점을 앞서 나갈 때까지 무한정 듀스를 반복한다.

유도의 '한판'은 무엇이고, '절반'은 또 뭘까?

야구는 홈런이 매력이고 축구는 역시 골이 터져야 재미있다. 유도의 매력은 상대를 단숨에 제압하는 '한판승'이다. 그것도 누르기나 조르기보다는 상대 선수를 힘껏 매트에 메치는 업어치기가 단연 유도를 상징하는 장면이라 할 수 있다.

　우리나라 선수들은 업어치기를 잘하는 것으로 정평이 나 있다. 2008년 베이징올림픽 금메달리스트 최민호가 결승에서 보여 준 업어치기는 지금까지도 손에 꼽히는 올림픽 명장면이다. 이 업어치기는 기존의 업어치기를 응용한 변칙 기술인데, 이후 다른 나라 선수들도 많이 시도해서 유도의 종주국인 일본이 아예 '한국 업어치기'라고 부를 정도다. 안바울 선수는 2018년 자카르타·팔렘방 아시안게임 남자 -66킬로그램급에서 출전한 모든 경기를 업어치기로 승리하고 금메달을 따내는 엄청난 기록을 수립했다. 결승에서는 상대 일본 선수를 단 50초 만에 업어치기로 눌렀다.

그런데 유도 경기를 보다 보면 규칙이 좀 유별나다는 생각이 든다. 승패를 가리는 경기인데 어째서인지 숫자가 등장하지 않는다.

보통 스포츠 경기를 떠올리면 승패에는 숫자가 늘 있다. 달리기경주나 스피드스케이팅처럼 시간을 재는 기록 종목에서 순위는 시간으로 가려진다. 체조, 피겨스케이팅 같은 연기 종목도 역시 숫자로 표현된 점수로 등수를 매긴다. 구기 종목은 골이 그대로 득점과 승패로 이어진다. 하지만 유도의 득점에는 숫자 대신 '한판'과 '절반'이 있다. 이런 규칙은 왜 생겼을까? 유도의 규칙을 쉽게 이해할 방법이 없을까?

기술의 완성도를 평가하는 판정

유도의 기술은 크게 메치기와 굳히기로 나뉜다. 메치기는 업어치기처럼 상대를 어깨 너머로 힘껏 내리치는 기술이며, 굳히기는 상대의 목을 조르거나 관절을 비틀어서 움직이지 못하게 하는 기술이다. 메치기는 손 기술, 다리 기술, 허리 기술로 다시 나눌 수 있고 굳히기에는 꺾기, 조르기, 누르기가 있다. 이런 기술들은 더 다양하게 쪼개어 구분할 수 있고 변칙 기술도 셀 수 없이 많다. 하지만 판정은 훨씬 단순하다. 유도의 득점에는 '한판'과 '절반'이라는 딱 두 가지가 있다.

2012년 런던올림픽 남자 -81kg급 준결승에서 우리나라의 김재범이 상대 선수를 업어치기로 눌렀다. 화려한 업어치기는 단연 유도를 상징하는 장면이자 매력이다.

한판을 얻어내면 경기가 그대로 끝난다. 절반 2개가 모이면 한판으로 인정된다. 유도는 일본이 종주국이어서 국제 대회에서는 일본어로 된 판정 용어를 쓰는데, 절반은 일본어 '와자아리技有り'를 한국어로 번역한 단어다. 와자아리는 원래 '기술이 있음'이라는 뜻이지만 '와자아리 2개면 한판'이라는 규정의 뜻을 살려 '절반'이라고 번역되었다. 한편 '지도'라고 불리는 벌점도 있다. 지도를 3개 받으면 반칙패로 경기가 종료된다.

그렇다면 한판과 절반의 차이는 무엇일까? 축구, 농구와 같은 구기 종목은 골을 넣으면 득점으로 인정된다. 득점인지 아닌지 쉽게 구별할 수 있다. 하지만 유도는 다르다. 기술이 완벽하게 들어갈 때도 있지만 그리 멋있지 않게 상대를 쓰러뜨리는 경우가 생긴다. 그래서 기술의 완성도를 평가해 한판과 절반으로 구분하는 것이다.

유도의 판정 방식은 과거에는 좀 더 복잡했다. 한판과 절반 말고도 '유효'와 '효과'가 있었다. 이 두 가지도 기술이 들어갔음을 인정하는 득점이지만, 완성도에서 한판이나 절반에 훨씬 못 미친다는 것을 뜻했다. 간단하게 정리하자면 한판>절반>유효>효과 순으로 높은 득점이었다. 누르기를 예로 들면 한판은 25초 이상, 절반은 20초 이상, 유효는 15초 이상, 효과는 10초 이상이 지속되었을 때 득점이 선언되었다. 하지만 국제유도연맹은 2008년에는 효과를, 2017년에는 유효를 없앴다. 그래서 유도 규칙은 예전보다 훨씬 단순해졌다. 국제유도연맹은 왜 규칙을 단순하게 만든 걸까? 완벽하지는 않더라도 조금이나마 성공한 기술이 득점으로 인정되지 않는다면 선수들이 억울하지 않을까?

10년 동안 수차례 바뀐 규칙

국제유도연맹이 규칙을 단순하게 만든 이유는 사실 딱 하나다. 더욱 박진감 넘치는 경기를 만들기 위해서다. 선수들이 큰 기술을 쓰도록 이끌면서 한판승이 많이 나오도록 만들기 위한 것이다. 유효나 효과가 있을 때는 선수들이 공격에 적극적으로 나서지 않는 경기가 많이 펼쳐졌다. 유효나 효과라도 먼저 얻기만 하면 공격보다는 수비에 치중하며 남은 시간을 보내도 승리할 수 있었기 때문이다. 이런 현상이 오래 지속되자, 팬들 사이에는 유도가 재미없어진다는 불만이 쌓이기 시작했다. 그렇게 되면 유도의 인기는 떨어질 수밖에 없었다.

특히 2012년 런던올림픽은 '유도가 재미없다'는 불만이 하늘을 찌른 대회였다. 이기는 데만 치중하다 보니 선수들의 기술과 경기 방식이 소극적으로 변한 것이다. 그러면서 손에 땀을 쥐게 하는 박진감 넘치는 경기 장면이 줄어들었다.

또한 유럽과 남미 선수들이 신체적 이점을 이용해 큰 기술을 펼치지 않고 버티기만 하는 경기도 많아졌다. 유럽과 남미 선수는 대체로 몸집이 크며 힘이 좋다. 같은 체급이라는 것이 믿기지 않을 정도로 체격이 압도적인 선수도 있다. 반면 한국과 일본 선수는 몸집이 작고 힘이 부족하지만 기술이 앞서는 편이다. 역대 우리나라 선수들의 탁월한 업어치기 기술도 유럽이나 남미 선수들보다 상대적으로 작은 체구를 극복하는 필승 전략이었다. 하지만 유럽과 남미 선수들이 힘을 이용해 잡기 싸움만 하는 경우가 점점 더 많아졌다. 심지어 유도에서 인정하는 기술이 아닌 변칙 기술을 쓰면서 이게 유도인지 아닌지 구별하기 어렵다는 비판도 나왔다. 그래서 국제유도연맹은 업어치기처럼 시원한 한판승이 경기에서 더 많이 나오게 만들기 위해 최근 10여 년 동안 수차례 경기 규정을 바꿨다.

심지어 2017년에는 '절반 2개는 한판'이라는 규정도 바꾼 적이 있다. 절반을 여러 개 획득해도 한판승을 거두지 못하게 만든 것이다. 그래서 총 4분 동안 펼쳐지는 경기에서 3분 59초까지 절반 4개를 내주고 뒤졌어도 마지막 1초에서 한판 1개로 승부를 뒤집을 수 있었다. 그러나 이렇게 바꾼 규칙은 원래 의도했던 대로 한판승이 많아지는 효과를 거두지는 못했다. 그래서 국제유도연맹은 2018년 1월 '절반 2개면 한판'이라는 과거의 규정을 되살렸다.

또한 연장전에서 제한 시간이 사라졌다. 어느 한 선수가 기술을 성공시키거나 지도 3개가 쌓여 패배할 때까지 시간의 제한 없이 연장전을 벌이도록 규정을 바꿨다. 한마디로 '끝장 승부'다. 체력이 바닥나더라도 득점을 노리는 공격적 경기를 하도록 이끄는 것이다.

결국 규정 개정의 목적은 '재미있는 경기'로 요약할 수 있다. 국제유도연맹은 재미있는 경기가 펼쳐지고 있는지, 팬들의 반응은 어떤지를 늘 살펴 규칙을 바꾸는 일을 반복해 왔다.

올림픽에서 살아남으려는 치열한 경쟁

사실 유도뿐만이 아니라 모든 종목의 연맹과 협회가 재미있는 경기를 만들어 내기 위해 애쓰고 있다. 이는 올림픽의 변화와 관계가 있다. 바꿔 말하면 올림픽에서 살아남기 위해 애를 쓰고 있는 것이라고도 할 수 있다.

올림픽은 2000년대 접어들면서 위기를 맞았다. 올림픽의 대회 규모가 점점 더 커지면서 올림픽을 개최하는 국가는 경제적 위기를 맞게 되었다. 반면 시청률은 떨어졌다. 몇몇 종목은 인기를 유지하고 있지만 대부분의 비인기 종목은 전반적으로 시청률이 떨어지고 있다.

국제올림픽위원회가 결정적으로 위기감을 느끼게 된 계기가 있다. 오슬로노르웨이, 로마이탈리아, 보스턴미국처럼 올림픽 유치에 나섰다가 시민들의 반대로 올림픽 유치를 포기하는 도시가 세계 각국에서 잇따라 나왔기 때문이다. 이에 국제올림픽위원회는 2014년 올림픽 개혁안인 '올림픽 어젠다 2020'을 발표했다.

'올림픽 어젠다 2020'은 위기에 빠진 올림픽의 지속 가능한 발전을 위한 방안이라고 할 수 있는데, 핵심은 개최국의 경제적 부담을 덜기 위해 그동안 고수했던 '1국가 1도시 개최' 원칙을 깨고 2국가 2개 도시 이상에서도 올림픽을 공동으로 개최할 수 있게 만든 것이다. 이와 함께 올림픽에 대한 관심을 끌어올리고자 올림픽 정식 종목을 최대 28개로 한정하고 이 중 25개 핵심 종목을 제외한 3개 종목은 올림픽이 열릴 때마다 심사를 해 올림픽에서 퇴출하기로 했다.

새로운 계획에 따라 국제올림픽위원회는 올림픽마다 25개 핵심 종목을 새롭게 결정한다. 또한 3개 종목까지 퇴출시키는 대신 다른 종목 3개를 새로 채택한다. 퇴출할 종목이나 새로운 종목을 고르는 기준은 여러 가지가 있지만 가장 비중 있게 심사하는 부문은 역시 시청률과 관중, 팬들의 호응이다.

이처럼 국제올림픽위원회가 각 종목을 심사해 올림픽에서 퇴출할지 말지를 결정하는 제도는 각 종목에 재미있고 공정한 경기를 이끄는 효과가 있다. 각 종목의 연맹이나 협회는 실제로 올림픽에서 살아남는 것을 목표로 재미있는 경기를 만들어 내기 위해 많은 노력을 기울이고 있다. 국제유도연맹이 한판승을 이끌어 내기 위해 규정을 바꾼 것도 이와 같은 흐름 속에서 이뤄진 것이다.

사격 점수는 왜 소수점 단위로 계산할까?

우리나라의 진종오는 올림픽 50미터 권총 종목에서 3연패를 달성한 선수이자 세계에서 올림픽 권총 종목 금메달을 가장 많이 딴4개 인물로, 최고의 사격 선수로 꼽힌다. 2018년 세계사격선수권대회 10미터 공기권총 종목에서도 2회 연속으로 우승했다. 결승 초반에는 8명 중 7위에 머무르며 우승과는 멀어지는 듯 했지만 마지막 5발을 연달아 10점대를 쏘면서 기적처럼 1위에 올랐다. 경기가 끝났을 때 진종오와 2위의 차이는 0.8점. 언뜻 적은 차이라고 생각할 수 있으나 사격은 단 0.1점 차이로도 승부가 갈리는 종목이다. 사격은 왜 1점 단위로 점수를 매기는 양궁과 달리 복잡하게 점수를 계산하는 걸까? 소수점 단위로 계산하지 않으면 도저히 우열을 가리기 어렵기 때문이다.

10미터 밖에서도 샤프심을 맞히는 선수들

그렇다면 사격 선수들은 대체 어느 정도로 과녁에 총알을 잘 맞히는 걸까? 사격은 종목에 따라 과녁의 크기가 다양하다. 한가운데에 있어 가장 높은 점수가 책정된 10점원의 지름도 종목마다 다르다. 예를 들어 50미터 공기소총 종목에서 사용하는 10점원의 지름은 10.4밀리미터, 10미터 공기권총은 11.5밀리미터, 25미터 속사권총 종목은 100밀리미터다. 10미터 공기소총 종목의 10점원 지름이 가장 작은데, 고작 0.5밀리미터밖에 되지 않는다. 눈에 잘 보이지도 않을 크기다. 그런데도 선수들은 10미터 거리에서 10점원을 정확하게 쏜다. 우리가 필기할 때 사용하는 샤프심의 두께가 보통 0.5밀리미터에서 0.7밀리미터 정도다. 그러니까 사격 선수들은 10미터 거리에서 샤프심을 정확하게 쏴 맞힐 수 있다는 뜻이다.

10미터 공기소총은 본선에서 남자는 60발, 여자는 40발을 쏜다. 놀라운 것이 또 있다. 선수들이 훈련할 때는 60발과 40발 모두 10점에 맞히는 경우가 가끔 나온다고 한다. 그만큼 백발백중의 명사수가 많다는 뜻이다. 올림픽 결승에 오르는 실력의 선수라면 누구나 평균 80퍼센트 이상의 확률로 10점을 쏜다.

게다가 사격 경기는 대부분이 실내에서 이루어진다. 바람의 영향을 받지 않는 데다 총기 자체의 성능도 거듭 발전해 왔다. 그래서 양궁처럼 1점 단위로만 점수를 매기면 아무리 연장전을 거듭

해도 쉽게 순위를 가려낼 수 없다. 그래서 만들어진 것이 소수점 점수다. 단 0.1밀리미터라도 표적지의 한가운데에 가장 가깝게 쏜 선수를 구별해 내기 위한 채점 방식인 것이다.

단 0.1밀리미터 차이가 승부를 가른다

그렇다면 한 가지 궁금증이 생긴다. 0.5밀리미터밖에 되지 않는 10점원을 어떻게 잘게 나누어 10.0점부터 10.9점까지 구분할 수 있을까? 정작 사격 표적지엔 소수점 표시가 없다. 0점부터 10점까지 1점 단위로 점수가 표시되어 있을 뿐이다. 지름 0.5밀리미터의 10점원을 10등분한다면 10점원 안에 지름 0.05밀리미터의 원을 9개 만들어야 하는데 이것이 가능할까? 설사 가능하더라도 총알이 통과한 흔적을 정확하게 구별해 0.1점 단위로 채점하는 것이 가능할까? 불가능하다. 인간의 눈으로는 가능하지 않은 일이다. 그래서 전자 표적을 사용한다. 총알이 과녁을 관통하는 순간 3개의 레이저가 총알이 통과한 지점을 파악해 모니터에 표시함으로써 0.1점 단위로 점수를 측정한다.

진종오가 2018년 세계사격선수권대회에서 우승을 차지한 10미터 공기권총의 표적 규격을 살펴보자. 10미터 공기권총 표적지의 10점원 지름은 11.5밀리미터다. 다음 표에서 보듯 10점원에서 6.4센티미터만 비껴나도 6점이고 14.4센티미터가 벗어나면 0점이다. 이처럼 사격은 1센티미터, 1밀리미터를 다투는 초정밀

득점원	지름	허용오차	득점원	지름	허용오차
10점원	11.5	± 0.1	5점원	91.5	± 0.5
9점원	27.5	± 0.1	4점원	107.5	± 0.5
8점원	43.5	± 0.2	3점원	123.5	± 0.5
7점원	59.5	± 0.5	2점원	139.5	± 0.5
6점원	75.5	± 0.5	1점원	155.5	± 0.5

10미터 공기권총 표적 규격   단위 : mm(밀리미터)

스포츠다.

집중력만큼 중요한 근육의 힘

뛰어난 사격 실력은 어떻게 갖출 수 있는 것일까? 집중력? 당연하다. 콩알보다도 작은 10점원을 겨냥하려면 고도의 집중력이 필요하다. 선수들은 표적지를 정확히 겨냥하기 위해 집중하는 순간을 "아무 소리도 들리지 않고 아무 생각도 들지 않는 순간"이라고 표현하기도 한다. 말 그대로 무념무상無念無想의 수준에 올라설 정도의 집중력을 발휘하는 것이다.

흔들림 없는 자세 또한 중요하다. 조준선을 가다듬은 상태에서 조금의 흔들림도 없어야 겨냥한 대로 총알이 발사된다. 그런데 사격 자세를 취한 상태에서 조금의 흔들림도 없이 중심을 잡는 것이 쉬운 일은 아니다. 하체가 튼튼해야 한다. 그래서 소총 선수들은 사격 자세를 취한 뒤 총열긴 원통 모양의 강철로 되어 있는 총의 한 부분. 총알이 나가는 방향을 잡아 준다에 5킬로그램짜리 납주머니를 건 채 20분 이상 버티는 훈련을 한다. 흔들림 없는 완벽한 자세를 만드는 것이 사격의 기초이기 때문이다. 미세한 흔들림조차 없애기 위해선 튼튼한 하체와 편안한 호흡, 그리고 어깨와 팔의 근력이 필요하다.

사격이 축구나 야구처럼 움직임이 없는 정적인 스포츠라서 근력이 필요 없는 운동이라고 생각하면 오해다. 사격 선수들에게 웨이트트레이닝은 필수다. 사격 자세에선 버티는 힘이 절대적이

사격 선수가 총을 잘 쏘려면 튼튼한 하체와 팔의 근력을 바탕으로 흔들림 없는 완벽한
자세를 유지해야 한다.

기 때문이다. 방아쇠를 당기는 동작인 격발도 중요하다. 아무리 흔들림이 없어도 격발할 땐 힘이 들어간다. 격발할 때 자세가 흔들리기 쉽다는 이야기다. 사격 국가대표 소총팀의 차영철 코치는 "훈련을 통해 근육이 단련되면 몸의 흔들림을 최대한 줄일 수 있다. 흔들림이 가장 적을 때 격발을 해야 한다. 그 순간은 1초도 안 된다. 그 찰나를 잡아 무념무상 속에 방아쇠를 당겨야 한다"라고 말한다.

사격 종목이 34개나 된다고?

국제사격연맹은 남자 19개 종목, 여자 12개 종목, 남녀 각 1명씩 2명이 팀을 이루는 혼성 종목 3개를 포함해 모두 34개나 되는 종목을 규정하고 있다. 하지만 올림픽에서는 34개 종목의 경기가 모두 열리지는 않는다. 국제올림픽위원회가 올림픽의 특성에 맞게 종목을 선정하기 때문이다. 2016년 리우데자네이루 올림픽에서는 남녀 10미터 공기권총, 남녀 10미터 공기소총을 포함한 15개 종목이 선정되었고, 2020년 도쿄올림픽에서도 총 15개 종목에서 경기가 열릴 예정이다. 하지만 도쿄올림픽에서는 진종오 선수가 올림픽 3회 연속 우승을 이뤘던 남자 50미터 권총과 남자 50미터 소총 복사, 남자 더블트랩이 폐지되는 대신 혼성 10미터 공기권총, 혼성 10미터 공기소총, 혼성 트랩이 새롭게 생겼다.

사격 종목과 종목별 경기 방식을 이해하면 경기를 보면서 아슬아슬한 긴장감과 재미를 느낄 수 있다. 종목 구분은 크게 총의 종류에 따라 나뉜다. 권총, 소총, 클레이 사격이다. 클레이 사격은 작은 탄환이 여러 발 들어 있는 총알인 산탄을 사용하는 종목이다. 권총과 소총은 다시 거리와 사격 자세에 따라 세분된다. 거리는 10미터, 25미터, 50미터, 300미터가 있고, 자세는 서서 쏘는 입사, 무릎 앉아 쏘는 슬사, 엎드려 쏘는 복사로 나눈다. 세 가지 자세를 모두 번갈아 가며 쏘는 종목도 있다. 예를 들어 '50미터 소총 3자세'는 50미터 거리에서 입사, 슬사, 복사 세 자세로 번갈아 쏘는 종목이다. 마지막으로 표적의 종류에 따른 구분이 있다. 우리가 흔히 생각하는 고정 표적이 아니라 움직이는 표적을 쏘는 종목도 있다. 이런 종목을 '러닝타깃'이라 하는데, 러닝타깃에는 10미터와 50미터 거리 구분이 있다.

어처구니없는 실수도 자주 나오는 사격 종목

사격은 관전의 재미와 시청률을 끌어올리기 위해 엘리미네이션 elimination이라는 제도를 도입했다. 결선에서 선수들이 2발씩 쏘고 난 뒤 최하위 선수를 1명씩 탈락시키는 서바이벌 방식이다. 총을 쏘는 횟수는 종목마다 다르지만, 본선 성적을 기초로 8명의 결선 진출자를 가린 뒤 결선에서 엘리미네이션 방식으로 순위를 가리는 것은 모든 종목이 같다.

엘리미네이션은 긴장감을 높여 지켜보는 이들에겐 재미를 선사하지만 선수들에겐 엄청난 압박감으로 작용한다. 사격을 모두 마친 후 결과를 확인하는 것이 아니라 격발마다 자신의 순위를 확인하면서 언제든지 탈락할 수 있다는 부담감에 시달려야 하기 때문이다. 이 압박감을 견디지 못해 세계적 선수들도 실수를 한다. 심지어 자신의 표적이 아닌 옆 선수의 표적에 총을 쏘는 일도 가끔 발생한다. 다른 사람의 표적지에 총을 쏘는 실수를 '교차사격'이라 하는데, 2004년 아테네올림픽에서 금메달을 눈앞에 둔 맷 애먼스 선수가 마지막 한 발을 옆 선수의 표적지에 명중시켜 메달을 놓치기도 했다.

교차사격이 발생하면 점수는 어떻게 처리될까? 다른 선수의 표적지에 총을 쏜 선수의 점수는 당연히 0점 처리가 된다. 그런데 내 표적에 다른 선수의 총알이 명중했다면? 표적지에서 교차사격의 탄흔을 확인할 수 있다면, 해당 탄흔의 점수만 무효 처리한다. 그런데 표적지에 여러 개의 탄흔이 있어서 어느 것이 내가 쏜 탄흔인지, 다른 선수의 교차 사격 탄흔인지 구별하기 어려울 수도 있다. 이럴 때는 표적지에서 최고 점수 한 발을 무효 처리한다. 다른 선수가 쏜 총알이 엉뚱하게 내 표적지에 맞았을 뿐인데, 최고 점수를 없던 일로 해버리다니! 억울하다. 그러나 어쩔 수 없다. 규정이기 때문이다.

양궁은 왜 점수제에서 세트제로 바뀌었을까?

세계적 양궁 강국인 우리나라는 지난 2016년 리우데자네이루 올림픽에서 양궁 종목에 걸려 있는 모든 금메달을 석권했다. 남녀 개인전과 단체전에 걸려 있는 금메달 4개를 모두 싹쓸이한 것이다. 특히 1988년 서울올림픽에서부터 시작한 여자 단체전의 금메달 행진은 2016년 대회까지 무려 8회 연속으로 이어지고 있다. 1984년 로스앤젤레스 올림픽에서 첫 금메달이 나온 여자 개인전은 지난 올림픽에 이르기까지 2008년 베이징올림픽만 제외하고 모두 우리나라 선수가 금메달을 획득한 종목이다.

우리나라 양궁 국가대표에 선발되기가 올림픽 금메달 따기보다 더 어렵다는 이야기를 들어 본 적이 있을 것이다. 이는 한 번 국가대표 자격을 얻었다고 해서 항상 다른 선수들을 이길 것이라는 예상을 할 수 없을 만큼 선수 간 실력 차가 적다는 것이며, 우리나라 선수들의 실력이 세계 정상급이라는 것이다. 그래서인지 우리나라는 여러 나라의 '공공의 적'으로 여겨져 다양한 견제를 받고 있다.

우리나라는 언제부터 양궁 강국이었을까?

양궁은 전 세계 인류가 자기 방어, 사냥과 같은 생존 수단으로 사용하거나 전쟁의 도구, 즉 무기로 사용한 활쏘기가 스포츠로 자리 잡게 된 종목이다. '양궁'이라는 명칭은 서양의 활이라는 뜻으로 우리나라의 전통 활쏘기인 '국궁'과 구별하기 위해 지은 이름이다. 양궁은 유럽에서 유래해 발전했으며 우리나라의 국궁은 몽골에서 유래된 것이라고 한다. 즉 우리의 활을 국궁, 서양의 활을 양궁이라고 한다.

양궁의 역사는 길다. 1900년 제2회 올림픽에 정식 종목으로 채택되었다가 1920년 엔트워프올림픽 이후 잠시 올림픽 종목에서 제외되었다. 그러다가 경기 방식을 통합하고 규정을 재정립하면서 1972년 뮌헨올림픽 때부터 정식 종목으로 다시 채택되었다.

우리나라 선수들이 언제나 좋은 성적을 내는 양궁 경기를 지켜보다 보면 이런 상상을 하게 된다. 단거리부터 장거리까지 많은 메달이 걸려 있는 육상, 수영처럼 양궁도 세부 종목을 늘리면 어떨까? 그러면 우리나라가 더 많은 메달을 딸 수 있지 않을까?

2014년 인천 아시안게임에서 여자 단체전 금메달을 따낸 우리나라 선수들이 시상대에서 환하게 웃고 있다.

인공지능이 스포츠 심판이라면

그런데 사실 양궁에도 거리별로 점수를 겨루던 시절이 있었다.

원래 양궁 경기는 여자부는 30, 50, 60, 70미터, 남자부는 30, 50, 70, 90미터에 떨어진 과녁을 향해 거리별로 36발씩의 화살을 발사한 다음 총점이 가장 높은 순서대로 우열을 가렸다. 1,440점 만점으로 하는 방식의 경기였다. 그리고 4명으로 구성된 한 팀의 선수들이 같은 방식으로 경기를 한 다음 가장 낮은 득점의 선수를 제외한 상위 3명의 점수의 합계로 성적을 겨루는 단체전 종목도 있었다.

이 방식은 한 선수가 144발의 활을 쏴야 하기 때문에 경기 과정에서 선수가 한두 번의 실수를 하더라도 뛰어난 실력의 선수들에게는 큰 문제가 되지 않았다. 144발을 쏠 동안 누구나 실수는 할 수 있지만 그 실수가 많지 않은 선수는 꾸준한 성적을 낼 수 있었다. 특히 우리나라 선수들은 선수 간 실력 차이도 적지만 경기력과 감정 기복도 심하지 않아 늘 좋은 성적을 거둘 수 있었다.

이 방식으로 양궁 경기가 진행되던 1980년대 중반까지 우리나라는 남녀 선수 모두 개인전은 물론이고 단체전에서도 늘 좋은 성적을 거두었다. 우리 선수들끼리 금, 은, 동메달을 모두 차지하는 문제 아닌 문제가 점점 부각되기 시작했다.

화살을 많이 쏠수록 경기력에 기복이 없는 우리나라 선수에게 유리했다. 이런 이유 때문이었는지 경기 방식은 곧 바뀌었다. 그래서 1988년 서울올림픽에서는 144발씩 쏘던 화살 수가 확 줄었다. 최종 결선에 오른 8명은 거리별로 단 4발씩 총 36발을 쏴 순위를 가렸다.

불확실성을 높이는 올림픽라운드

그럼에도 우리나라가 전 종목을 독식하는 양상이 계속해서 나타나니 국제양궁연맹은 '올림픽라운드'라는 새로운 경기 방식을 도입한다. 1992년 바르셀로나 올림픽부터 시작한 올림픽라운드의 특징은 토너먼트가 추가되었다는 것이다. 모든 선수가 총 144발의 화살을 쏘는 1차 예선 라운드를 거쳐 1위부터 64위까지를 결정하고, 그 후 1위는 64위와, 2위는 63위와 일대일로 대결하는 방식의 토너먼트로 진행되는 방식이다.

토너먼트의 특징은 거리가 70미터로 고정되고 12발의 화살만 쏴 단판 승부로 승패를 결정하는 것이다. 70미터는 우리나라 선수들, 특히 여자 선수에게는 거리별 종목에서 가장 장거리인 종목이다. 이 방식은 체격이 상대적으로 작은 선수들에게 불리하게 작용할 수 있고 화살수가 적어 한 발의 실수라도 나오면 좋은 성적을 얻기가 어렵다.

이 방식도 곧 세트제로 바뀌게 된다. 세트제는 각 세트에서 이기면 2점, 비기면 1점을 득점하는 방식이다. 초기에는 128강에서 16강까지는 6발씩 4세트로, 8강에서 결승전까지는 3발씩 5세트로 시행하다가 2012년 런던올림픽부터 5세트를 3발씩 쏘는 세트

우리나라가 메달을 독식하자 국제양궁연맹은 올림픽라운드라는 새로운 형식의 경기 방식을 도입한다.

제로 단일화했다.

언뜻 보면 우리나라 선수들에게 분명 불리한 방식이었다. 그래서 우리나라 선수들의 양궁 성적이 떨어졌을까? 새로운 규칙도 우리나라의 금메달 행진을 막을 수는 없었다.

출전 선수부터 장소 변경까지

국제양궁연맹은 단체전에 나서는 각 팀의 최대 인원을 3명으로 줄이는 방식을 도입하기도 했다. 단체전뿐만 아니라 개인전에 참가할 수 있는 선수 수도 줄였다. 이 방식은 우리나라 대표팀처럼 서로 실력 차가 크지 않은 선수들이 개인전 금, 은, 동메달을 독식할 가능성을 줄이겠다는 의지가 담겨 있는 것이었다. 특히 출전 선수 중 3명의 점수만 합산하거나 3명을 골라 출전하는 단체전에서 특정 팀의 독주를 막아보겠다는 의도가 엿보이는 변화였다.

더 황당한 규칙도 있다. 아시안게임 양궁 개인전에서는 퀼리티피케이션 라운드1,440점 만점의 토너먼트 시드 배정 결정전를 통과한 선수들이라도 본선에는 한 국가당 2명까지만 출전을 하도록 규정을 변경했다. 예를 들어 한국 선수가 예선 라운드에서 1, 2, 3위를 독차지하면 그중 한 선수는 본선 라운드에 출전을 하지 못하도록 제한하는 것이다. 이 규칙으로 최소한 1개의 메달은 같은 국가의 선수들이 가져갈 수 없도록 막을 수 있었고, 해당 팀 선수들에게는 심리적인 타격까지 줄 수 있었다.

양궁은 장비의 특성상 바람에 영향을 많이 받는 경기다. 이에 착안해 국제양궁연맹은 양궁 대회가 열리는 경기장을 일부러 바람이 아주 많이 부는 장소에 배정하기도 했다. 화살은 얇고 가볍기 때문에 바람의 영향으로 예상치 못한 결과가 나타날 수 있다. 스포츠의 경기 결과가 선수의 경기력이 아닌 외부 환경 요인에 크게 좌우된다면 과연 공정하다고 할 수 있을까?

우리나라 선수들은 이에 대비해 활의 강도를 훨씬 더 강하게 조정해 바람의 영향을 덜 받도록 하는 훈련을 체계적으로 실시했다. 도심의 공원에서 대표 평가전을 진행하기도 했고 비가 오는 야구장, 군인 장병의 환호성이 들리는 곳, 심야의 공동묘지에 이르기까지 다양한 장소를 찾아다니며 어떤 환경에서도 경기력이 흔들리지 않도록 훈련했다.

양궁의 경기 방식은 올림픽에서만 자주 바뀐 것이 아니다. 국제 유니버시아드 대회에서는 그동안 1점에서 10점까지로 배점되던 표적지의 점수를 1점과 0점으로만 구성된 표적지로 바꾸었다. 하얀 표적지에 검은색의 점을 하나 찍어 놓고 거기 들어가면 1점이고 안 들어가면 0점으로 처리하는 방식으로 바꾼 것이다.

> **유니버시아드**
> 만 17~28세의 대학생이거나 대학교 졸업 후 2년 이내인 선수들이 참가하는 국제 스포츠 대회. 국제 대학스포츠 연맹이 주최한다.

어떤 사람들은 국제양궁연맹이 규칙을 자주 바꾸는 이유가 거의 모든 대회에서 우수한 성적을 거두고 있는 우리나라의 독주를 막기 위해서라고 주장한다. 과연 그것이 사실일까?

양궁의 규정은 국제양궁연맹의 총회에서 결정한다. 총회에서 결정된 경기 방식은 2년에 한 번씩 홀수 년도에 열리는 세계양궁선수권대회부터 적용하고 있다. 국제양궁연맹은 규칙을 자주 바꾼 이유를 이렇게 설명한다. 초창기 단순히 다득점을 겨루는 경기였던 양궁을 TV나 인터넷 등과 같은 대중매체의 발달에 맞춰 재미있게 만들어야 한다는 것이다. 즉 대중의 흥미를 자극하는 다양한 변수와 박진감이 넘치는 경기로 변화시키기 위해서라고 설명한 것이다.

다양한 규칙 개정이 이루어졌으나 우리나라 선수들은 여전히 건재하다. 양궁이 시작된 초기에는 미국 그리고 네덜란드 등의 유럽권이 우승을 다투었으나 지금은 우리나라가 양궁의 상징 같은 국가가 되었다.

대회	매달 개수	금메달을 딴 종목	비고
제23회 로스앤젤레스 올림픽	금메달 1개 동메달 1개	여자 개인	올림픽 최초 금메달
제24회 서울올림픽	금메달 3개 은메달 2개 동메달 1개	여자 개인 여자 단체 남자 단체	남자 최초 금메달
제25회 바로셀로나 올림픽	금메달 2개 은메달 2개	여자 개인 여자 단체	
제26회 애틀랜타올림픽	금메달 2개 은메달 1개 동메달 1개	여자 개인 여자 단체	
제27회 시드니올림픽	금메달 3개 은메달 1개 동메달 1개	여자 개인 여자 단체 남자 단체	
제28회 아테네올림픽	금메달 3개 은메달 1개	여자 개인 여자 단체 남자 단체	여자 개인전 6회 연속 금메달
제29회 베이징올림픽	금메달 2개 은메달 2개 동메달 1개	여자 단체 남자 단체	
제30회 런던올림픽	금메달 3개 동메달 1개	여자 개인 여자 단체 남자 개인	남자 개인전 최초 금메달
제31회 리우데자네이루 올림픽	금메달 4개 동메달 1개	남녀 개인 및 단체	최초 전 종목 금메달

올림픽 양궁에서 우리나라 대표팀이 딴 메달

펜싱 에페는 왜 동시에 찔러도 점수를 받을까?

2016년 리우데자네이루 올림픽에서 우리나라의 박상영 선수는 남자 펜싱 에페 개인전 경기에서 금메달을 따냈다. 결승에서 박상영은 헝가리의 백전노장 게저 임레에게 10 대 14까지 뒤지고 있다가 믿을 수 없는 5연속 득점과 함께 15 대 14로 역전 우승에 성공했다. 경기 도중 박상영이 '할 수 있다'라고 침착하게 되뇌는 모습이 카메라에 잡혀 더욱 극적인 드라마가 탄생했다.

박상영 선수가 거둔 승리는 우리나라가 올림픽 금메달을 딴 종목 중에서도 손꼽히는 명장면이다. 그런데 이 승리가 얼마나 기적 같은 것인지 제대로 실감하려면 펜싱 종목의 특징을 잘 알아야 한다. 박상영 선수가 출전한 경기는 펜싱 종목 중에서도 '에페'라는 종목이다. 나머지 종목인 '사브르', '플뢰레'와 달리 유일하게 '동시타'를 인정한다. 동시타란 양 선수가 동시에 한 공격을 가리킨다. 동시타가 나오면 두 선수에게 똑같이 1점씩 준다. 따라서 10 대 14에서 1점도 내주지 않고 무려 5점을 연속 득점한다는 것은 절대 쉽게 볼 수 있는 장면이 아니다. 상대 선수였던 게저 임레의 입장에선 1점만 추가하면 우승이었다. 박상영의 공격을 피하지 않고 맞받아치기만 해도 충분했다. 박상영이 5연속 득점에 성공했다는 것도 놀랍지만 다섯 번의 공격을 성공시키는 동안 게저 임레에게 단 한 번의 동시타도 허용하지 않았다는 점이 바로 '기적과 같다'는 찬사가 나오는 이유라고 할 수 있다.

펜싱의 규칙은 언뜻 쉬워 보인다. 먼저 검으로 찌르거나 베면 득점이다. 개인전은 3분씩 3라운드로 치르는데, 15득점을 먼저 올리거나 경기 종료 시 득점에서 앞서면 승리한다. 그러나 펜싱 관람은 생각보다 쉽지 않다. 에페와 사브르는 무엇일까? 플뢰레는? 득점이 인정될 때와 인정되지 않는 경우는? 또한 '동시타'는 왜 에페에서만 인정될까? 에페와 플뢰레, 사브르. 각 종목의 특징을 이해한다면 펜싱이 더욱 재미있게 느껴질 것이다.

중세 결투에서 유래한 에페

펜싱은 서양의 검술이 스포츠로 발전한 종목이다. 부상을 방지하기 위한 마스크, 펜싱용 검, 득점을 판정하는 전자장비의 도입이 펜싱이 스포츠로 발전하는 데 큰 도움을 주었다.

그중에서도 에페는 영화에서 쉽게 볼 수 있는 서양의 중세 결투에서 유래한 종목이다. 누군가가 죽어야 끝났던 중세의 결투는 19세기 들어 피를 먼저 흘리는 쪽이 패하는 것으로 변화했다. 에페는 이러한 서양의 결투와 가장 비슷하다. 목숨을 걸고 치렀던 결투처럼 상대의 머리끝에서 발끝까지 신체 어느 부위든 공격할 수 있다. 단 공격은 베기가 아닌 찌르기만 허용된다. 에페는 플뢰레, 사브르와 달리 공격권이 없다. 먼저 찌르거나 동시에 찔렀을 때만 득점이 인정된다. 빠르기도 중요하지만 그보다 정확성이 훨씬 더 요구되는 종목이다.

기마병들의 싸움에서 생겨난 사브르

또 다른 종목인 사브르는 본래 기마병들이 사용하던 검의 이름이다. 과거 말을 탄 기마병들의 공격은 찌르기와 베기로 이루어졌다. 사브르도 찌르기와 베기, 두 종류의 공격 방법이 모두 허용된다. 단 사브르는 에페와는 달리 상대의 팔과 머리를 포함한 상체만을 공격할 수 있다. 그리고 공격권을 쥔 선수만이 공격할 수 있다. 방어에 나선 선수는 상대의 공격을 막아 내야 공격권을 얻을 수 있다.

공격권은 먼저 공격 자세를 취해야 가져올 수 있기 때문에 사브르에선 스피드가 가장 중요하다. 따라서 사브르는 1~2초 사이에 득점이 결정된다. 찌르기뿐만 아니라 베기가 가능한 데다 빠른 속도가 생명이기 때문에 사브르는 다른 종목에 비해 경기가

사브르 종목에서는 공격권을 쥔 선수만이 공격할 수 있다.

격렬하다. 그래서 사브르 여자 개인전은 2004년 아테네올림픽에서야 올림픽 정식 종목으로 채택됐고 여자 단체전은 2016년 리우데자네이루 올림픽에서 처음 등장했다.

칼끝이 둥글고 칼날이 없는 플뢰레

중세 시대 서양의 기사들은 의무적으로 펜싱을 익혀야 했다. 펜싱은 자신을 보호하는 무술일 뿐만 아니라 지위와 신분을 보여주는 기술이기도 했다. 그래서 기사는 펜싱 기술을 습득하기 위한 훈련을 게을리할 수 없었다. 그런데 문제가 있었다. 날카로운 검으로 훈련하다 보니 부상을 당하는 일이 많았던 것이다. 그래서 부상을 피하기 위해 칼끝이 둥글고 칼날을 없앤 연습용 검을 만들어 냈는데, 이 검의 이름이 바로 플뢰레다. 칼끝이 둥글고 칼날이 없으니 당연히 베이거나 찔릴 위험이 없었다. 플뢰레는 fleur플뢰아, 꽃, 꽃 무늬 장식에서 나온 말로 둥글고 뭉툭하게 만든 칼끝이 꽃봉우리를 닮았다고 해서 이런 이름이 붙었다.

부상 방지를 위한 노력은 연습용 검을 발명하는 데서 그치지 않았다. 연습 경기에서는 반드시 머리와 팔을 제외한 몸통 부분만 공격할 수 있게 했다. 때문에 플뢰레에선 찌르기만 허용되며 공격 부위도 머리와 팔을 제외한 몸통만 가능하다.

아주 간단히 요약하면 플뢰레는 부상 방지를 위한 펜싱의 연습 경기가 하나의 종목으로 발전된 형태라고 할 수 있다. 플뢰레 역시 사브르와 마찬가지로 공격권이 있기 때문에 동시타를 인정하지 않는다. 공격하는 선수와 방어하는 선수가 확실하게 구분된다.

에페에 공격권이 없는 이유는?

우리가 알고 있는 스포츠 종목 중엔 아주 오래전부터 전해져 내려오는 종목이 있는가 하면 또한 익스트림 스포츠처럼 최근 들어 탄생한 스포츠도 있다. 펜싱, 레슬링, 양궁, 육상 등은 인류가 사냥 및 전투 기술로 익혀온 신체 활동이 스포츠로 발전한 종목이다.

스포츠와 전투 기술의 차이는 무엇일까? 가장 중요한 특징은 규칙이라고 할 수 있다. 전투 기술은 오직 전쟁에서 승리하기 위한 비법일 뿐 규칙은 존재하지 않는다. 승패를 가리고 경기를 원활하게 진행하기 위한 규칙이 없다면 스포츠가 존재하기 어렵다는 것은 너무나 당연한 말이다. 공정한 규칙과 함께 선수들의 부상을 방지하기 위한 안정성 확보도 스포츠에 꼭 필요하다.

앞서 말한 것처럼 에페는 중세 결투의 원형을 가장 가깝게 살린 종목이다. 그래서 동시에 찔러도 점수를 받을 뿐만 아니라 온몸이 공격의 대상이기도 하다. 하지만 사브르와 플뢰레는 에페보다 좀 더 규

익스트림 스포츠

부상을 입거나 심지어 생명을 잃을 수 있을 정도로 위험한 레저 스포츠. 번지 점프, 스카이서핑, 맨발 수상스키, 자전거 스턴트 등 수십 가지가 넘는다.

제가 많다. 공격이 허용되는 신체 부위에 대한 제한이 있다. 어째서 이런 차이가 생겼을까? 과거 에페 위주의 펜싱에선 한 가지 문제가 있었다. 에페는 먼저 찌르면 점수를 얻거나 승리하기 때문에 선수들이 무조건 먼저 찌르기에만 집중한다. 훈련을 하더라도 두 선수가 모두 찌르기에만 집중하다 보니 펜싱의 기술이 다양하게 발전하지 못한 채 답보 상태에만 머무르게 된 것이다. 공격하는 선수와 방어하는 선수를 확실히 구분해서 경기를 진행하는 것이 기술 발전에 도움이 되었고 펜싱의 매력도 훨씬 더 잘 보여줄 수 있었다. 플뢰레는 연습 경기에서 발전한 종목이라고 했는데, 연습을 좀 더 잘하기 위해선 두 선수가 무조건 찌르기에 나서기보다 공격과 방어를 서로 번갈아 하는 것이 훨씬 더 효과적이다. 이런 배경 속에서 에페는 공격권 없이 결투의 원형을 보존한 경기로 발전했고 플뢰레와 사브르는 공격권 개념을 도입해 좀 더 규제가 많은 스포츠로 발전했다.

펜싱의 공격권은 테니스와 탁구의 서브권처럼 공평하게 두 선수가 나눠 갖는 것은 아니다. 공격권에 대한 세부 규정은 매우 복잡하지만 보통은 공격 자세를 먼저 취하는 선수, 앞으로 먼저 나서는 선수에게 공격권이 주어진다.

펜싱의 변방에서 중심으로
유럽이 펜싱의 본고장이다 보니 한국은 펜싱의 변방이었다. 국제

무대에서는 '유럽의 텃세'에 밀려 억울한 눈물을 많이 흘리기도 했다.

한국 대표팀은 유럽으로 전지훈련을 가는 것조차 쉽지 않았던 때가 있었다. 유럽으로 전지훈련을 가고자 했던 이유는 수준 높은 유럽 선수들과 공동 훈련이나 연습 경기를 하기 위해서였다. 그러나 프랑스나 이탈리아 등 유럽의 펜싱 강국은 한국 대표팀을 무시해 전지훈련 요청을 받아 주지 않았다.

그러나 지금은 오히려 유럽 팀들이 우리나라의 펜싱을 배우겠다며 한국으로 전지훈련을 오고 있다. 대한민국 펜싱이 세계 정상으로 인정받고 있는 것이다. 2000년 시드니올림픽 남자 플뢰레 개인전에서 김영호가 최초의 금메달을 따낸 뒤 남현희, 신아람, 박상영까지 우리나라 펜싱은 스타 계보를 이어가며 세계 정상의 실력을 과시하고 있다.

대한민국 펜싱은 어떻게 세계 정상에 오를 수 있었을까? 2012년 런던올림픽에서 우리나라가 메달을 5개나 따내자 유럽은 우리나라 선수들의 펜싱을 분석하기 시작했다. 한국과 유럽의 가장 큰 차이점은? 바로 빠른 스텝이다. 이른바 '한국형 펜싱'인 것이다. 상대적으로 짧은 팔 길이, 다리 길이 등 신체적인 불리함을 갖고 있는 한국 선수들이 유럽의 기술을 습득한다고 해서 유럽 선수들을 이길 수 있는 것은 아니었다. 그래서 한국인의 신체 조건에 맞으면서도 유럽 선수들보다 우위에 설 수 있는 기술이 필요했다. 비책은 스피드였다. 빠른 스텝을 이용한 빠르고 정확한 공격. 이를 위해선 더 빨리, 더 많이 움직여야 했다. 그래서 우리나라 선수들은 펜싱 선수로서는 드물게 하체 힘을 기르기 위해 줄넘기와 러닝머신 훈련을 많이 하며 체력을 키웠다. 그 결과 유럽 선수가 한 스텝을 밟을 때 두세 스텝을 밟는 스피드를 갖출 수 있었다. 2012년 런던올림픽에서는 1분당 스텝 수가 최대 80회로 1초 동안 무려 5미터를 이동하는 수준이었다. 이제 펜싱은 양궁이나 쇼트트랙 못지않게 많은 메달을 따내는, 우리나라의 '효자 종목'이 되었다.

진로 찾기 **스포츠 기자**

기자는 우리 사회에서 일어나는 사건들을 신문, 방송, 잡지 등 다양한 매체를 통해 세상에 알리는 직업이다. 스포츠 기자도 마찬가지다. 스포츠 기자는 스포츠 분야에서 일어나는 사건들을 다양한 매체를 통해 세상에 알리는 사람이다. 가장 기본적인 일은 당연히 스포츠 경기 취재다. 경기장에서 경기 내용과 결과를 담은 기사를 쓴다. 경기를 치른 선수나 감독들을 인터뷰하는 일도 한다.

스포츠 기자가 취재하는 영역은 매우 넓다. 올림픽이나 월드컵 같은 세계적 스포츠 이벤트를 취재하는 경우도 있지만 일반인들의 사회체육을 취재할 때도 있다. 영하 20도가 넘는 추위 속에서 열리는 동계스포츠 현장을 방문하는가 하면 영상 40도가 넘는 극한의 더위 속에서 열리는 경기 한가운데 있기도 한다.

스포츠 기자는 스포츠가 있는 곳이라면 어디든 찾아가고, 독자들이 궁금해하는 것이라면 무엇이든 알려 주겠다는 책임감이 있어야 한다. 스포츠에 대한 애정과 열정이 당연히 필요하다. 동시에 객관적 시각으로 공정하게 사실을 전해 줘야 하는 냉정함도 같이 갖춰야 하는 직업이다.

스포츠 기자는 대부분의 사람이 쉴 때 더 바쁘게 움직인다. 스포츠는 주말이나 퇴근 이후 등 사람들의 여가 시간에 주로 열린다. 남들이 퇴근을 준비하는 저녁 시간에 스포츠 기자는 더 바빠진다. 보통 사람들이 자기만의 여유를 만끽하는 주말에도 스포츠 현장에 있어야 한다. 그렇기 때문에 스포츠 기자들은 보통 사람들과 반대되는 생활을 하는 경우가 많다.

최근에는 손흥민이나 류현진처럼 해외에서 활약하는 우리나라 선수들이 많아졌다. 그래서 메이저리그나 프리미어리그, NBA처럼 해외 스포츠 리그에 대한 국민들의 관심이 높아졌다. 그래서 요즘 스포츠 기자들은 잠도 제대로 못 자고 밤을 새면서 일을 하는 경우도 많다. 과장해서 표현하면 365일 24시간이 스포츠 기자의 업무시간이다. 스포츠에 대한 사랑과 열정이 없다면 버티기 어렵다.

스포츠 기자가 되기 위해서는 미디어에 대해 공부하는 신문방송학과나 국문학과, 체육학과에 진학하면 도움이 되지만 전공은 크게 중요하지 않다. 실제로 매우 다양한 학과를 졸업한 기자들이 활동하고 있다. 전공보다는 사회 다방면에 대한 지식을 쌓고 시야를 넓히는 것이 더 중요하다.

영화 〈머니볼〉[2011]은 미국 메이저리그에서 늘 꼴찌에만 머물다가 기적처럼 20연승을 거둔 구단 오클랜드 애슬레틱스Oakland Athletics의 실제 이야기를 다룬다. 오클랜드 애슬레틱스는 2002년 8월 13일부터 9월 4일까지 20연승에 성공했는데 이는 140년 메이저리그 역사에서 전후무후한 기록이다. 최하위에만 머물던 팀이 어떻게 이런 눈부신 성적을 거둘 수 있었을까? 비결은 철저한 데이터 분석을 바탕으로 선수를 뽑는 것이었다. 구단에서는 경기 기록을 바탕으로 연봉 대비 실력이 좋은 선수를 선발했다. 특히 타자를 기용할 때 전통적 평가 기준이었던 타율, 홈런, 타점 등이 아닌 출루율을 가장 중요한 지표로 삼았다.

오클랜드 애슬레틱스의 성공을 계기로 야구에서는 각종 경기 기록을 수학적으로 분석하는 일이 팀의 전력을 높이는 중요한 열쇠로 주목받게 되었다. 이처럼 팀의 경기 내용, 결과, 성과를 객관적 통계를 바탕으로 분석하는 사람이 스포츠 기록분석 연구원이다.

메이저리그에서 처음 생겨난 기록분석 연구원은 현재 국내 프로야구에서도 활동하고 있다. 기록분석 연구원은 경기 영상과 기록을 분석해 선수들의 장단점과 변화 등을 감독과 코치에게 전달해 준다. 더 나아가 정밀한 통계를 바탕으로 선발 선수 기용, 선수 트레이드나 신인 선수 선발에도 적지 않은 영향력을 미치고 있다. 야구 기록분석 연구원은 경기에 대한 이해도가 높은 선수 출신인 사람이 다수를 차지하고 있지만, 최근에는 수학과 공학 지식을 겸비한 일반인도 기록분석 연구원이 되는 사례가 많아졌다.

이제는 야구뿐 아니라 축구, 농구, 배구 등에서도 기록분석 연구원이 활동하고 있다. 축구 기록분석 연구원은 패스 성공률, 볼 점유율 등과 같은 간단한 기록은 물론이고 상대 팀의 전술이나 전략을 파악하기 위한 각종 통계를 산출해 낸다.

스포츠 기록분석 연구원은 출장이 잦고 경기 일정상 야간에 주로 업무를 수행하는 경우가 많다. 다양한 소프트웨어를 다뤄야 하기에 컴퓨터 활용 능력이 필수적이며 영상 기기도 잘 다룰 줄 알아야 한다. 수학과 통계학에 대한 지식도 스포츠 기록분석

연구원이 되는 데에 중요한 능력이다.

스포츠기록분석학과에 진학하면 기록분석 연구원이 되는 데 유리하다. 또한 몇몇 스포츠경영학과에서도 통계분석스포츠 애널리틱스 수업을 진행하고 있다.

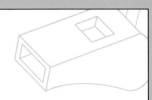

3장

알면 더
이해가 쉬운
채점제

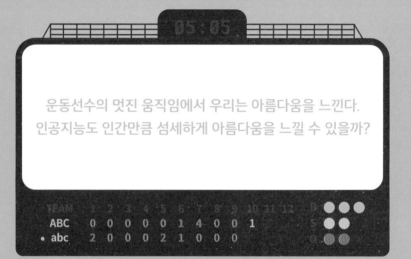

운동선수의 멋진 움직임에서 우리는 아름다움을 느낀다.
인공지능도 인간만큼 섬세하게 아름다움을 느낄 수 있을까?

스포츠는 예술성을 어떻게 평가할까?

스포츠에서 아름다움을 얘기할 수 있을까? 스포츠는 격하기만 한 것이 아니다. 선수들이 신체를 단련하고 기술을 익혀 인간의 한계를 넘어설 때 우리는 감동을 느낀다. 감동을 받는다는 것은 아름다움을 느낀다는 뜻이다. 낮게 들어오는 공을 정확하게 배트 중심에 맞춰 펜스를 넘기는 야구 선수의 타격에서, 골을 넣고 양 팔을 벌리며 포효하는 축구 선수의 세리머니에서도 아름다움을 느낄 수 있다.

그런데 스포츠엔 신체의 아름다움을 표현하는 데 특별히 주력하는 종목이 있다. 대표적으로 피겨스케이팅이 있다. 아티스틱수영싱크로나이즈드 스위밍, 기계체조, 리듬체조도 마찬가지다. 그래서 우리는 신체의 아름다움을 표현하는 선수들의 경기를 '연기'라고 일컫는다. 2019~2020시즌 국제빙상연맹 주니어그랑프리 3차 대회, 6차 대회에서 우승한 피겨스케이팅 선수 이해인은 "평소 뮤지컬을 보고 책을 읽는 것이 연기에 도움이 된다"라며 〈레베카〉, 〈위키드〉, 〈맘마미아〉 등 뮤지컬 음악을 즐겨 듣는다고 인터뷰했다. 뮤지컬을 보고 책을 읽는 것이 도움이 된다니? 무슨 뜻일까? 만약 선수들이 그저 기계적으로만 점프한다면, 그저 실수 없이 연습한 대로만 동작을 이어가는 것에만 집중한다면 아마도 우리는 피겨스케이팅 선수의 연기에 감동을 느끼기 어려울 것이다.

그런데 한 가지 의문이 든다. 아름다움을 어떻게 평가할까? 나만의 느낌과 아름다움도 있을 텐데 어떻게 아름다움을 하나의 기준으로 평가해 1등, 2등으로 순위를 매길 수 있을까?

아름다움에 어떻게 점수를 매기지?

아름다움을 느끼는 기준과 감각은 사람마다 다르다. 그런데 어떻게 아름다움을 공정하게 평가할 수 있을까? 아름다움에 대한 평가와 순위는 사실 존재할 수 없다. 그러나 스포츠는 경쟁을 생명으로 하기 때문에 어쩔 수 없이 평가하고 순위를 매겨야 한다. 그래서 공정한 평가 항목을 만들 수밖에 없다. 평가 항목은 100퍼센트 완벽할 순 없지만 최대한 정밀하게 아름다움에 대한 평가를 수치화하고자 지혜를 모은 결과다.

피겨스케이팅은 기술을 평가한 기술점수와 예술성을 평가한 예술점수를 합산해 순위를 매긴다. 예술점수는 스케이팅 기술, 연결 동작, 연기 수행, 안무 구성, 음악 해석이라는 다섯 가지 평가 항목을 두고 각 항목당 0.25점 단위로 최대 10점까지 줄 수 있다.

심판은 12명이나 된다. 3명은 테크니컬 패널Technical Panel, 9명은 저징 패널Judging Panel인데, 테크니컬 패널은 기술을 평가한다. 회전 수와 스케이트 날의 사용 등 기술이 얼마나 정확하게 구사됐는지를 평가한다. 9명의 저징 패널은 표현력을 심사하는 심판이다. 각 기술을 얼마나 잘 수행했는지에 따라 가산점을 더하고 예술점수를 매기는데, 최종 점수는 9명의 심판 중 최고점과 최저점을 뺀 나머지 7명이 매긴 점수의 평균치를 계산한다.

리듬체조 역시 아름다움을 평가한다. 안무 자체가 신체의 아름다움을 표현하는 인간의 창작품이기 때문에 예술점수를 빼놓을 수 없다. 그렇다면 리듬체조의 채점 방식은 어떠할까? 리듬체조는 Ddifficulty라고 하는 난도점수와 Eexecution이라고 하는 수행점수를 합산해 순위를 가린다. 난도점수는 기술을 채점하고 수행점수는 예술성을 평가한다. 두 가지는 모두 각 10점씩이기 때문에 종목당 20점 만점이다. 2015년 광주 유니버시아드에서 우승한 손연재의 총점은 72.550점이었다. 곤봉18.350점, 리본18.050점, 후프18.000점, 볼18.150점의 합산 점수다. 미에 대한 평가는 주관적일 수

리듬체조도 아름다움을 점수로 채점해 평가한다.

　인공지능이 스포츠 심판이라면

밖에 없기 때문에 리듬체조 역시 주관성을 최대한 배제하기 위한 채점 방식을 도입했다. 난도점수는 0점에서 출발해 선수가 기술을 구사할 때마다 점수가 올라가는 방식이고 수행점수는 반대로 10점에서 출발해 선수가 실수할 때마다 점수를 깎는 방식이다. 수행점수는 음악과 안무의 조화, 표현력의 독창성 등 예술적 평가 항목과 기술의 부정확성, 실수를 평가하는 기술적 평가 항목을 포함한다.

스포츠 미학의 원리

스포츠에서 아름다움을 느끼는 것을 조금 어려운 말로 '스포츠 미학'이라고 한다. 미학에선 아름다움 그 자체도 중요하지만 아름다움을 느끼고 인식하는 관람자의 안목도 중요하다. 관람자에게 미적 기준과 경험, 인식의 체계가 있어야 아름다움을 즐길 수 있다는 얘기다. 스포츠에서 감상할 수 있는 아름다움은 크게 세 가지다.

첫 번째로 기술미가 있다. 기술적으로 어려운 동작 또는 기구를 완벽하고 능숙하게 다루는 숙련도에서 느낄 수 있는 아름다움이다. 두 번째인 형식미는 움직임을 표현할 때 눈에 보이는 형태에서 느껴지는 아름다움이다. 마지막으로 예술미가 있다. 음악을 배경으로 인간의 감정이나 느낌을 표현하는 동작에서 느끼는 아름다움이다.

기술은 그 자체로 아름다움을 표현할 수 있는 수단이기도 하다. 그러나 기술미만으로 아름다움이 완벽할 수는 없다. 기술미만 강조된다면 피겨스케이팅은 음악이 필요하지 않을 수도 있다. 마치 기계체조처럼 배경음악 없이, 정해진 기술을 누가 완벽하게 구사하느냐만 평가해 순위를 가릴 수도 있기 때문이다.

2018년 평창동계올림픽 피겨스케이팅은 '점프의 전쟁'이었다. 선수들이 기본 배점이 높은, 난도 높은 점프에 주력했기 때문이다. 남자 싱글에서 22명이 4회전 점프를 뛸 정도로 기술력의 향상은 눈에 띄었지만 연기 자체의 완성도는 높지 않았다. 그래서 '점프 외엔 볼 것이 없다'는 비판이 나오기도 했다. 그래서 국제빙상연맹은 평창동계올림픽에서 나타난 맹목적인 점프 경쟁을 막기 위해 2018년 6월 규정을 개정했다. 고난도 기술에 배정된 기본 점수를 줄이는 대신 기술의 완성도를 중요시하기 위해 기술에 대한 가산점을 기존 최대 3점에서 5점으로 확대한 것이다. 이는 어려운 점프를 어설프게 시도하는 것보다 쉬운 점프라도 완벽하게 뛰는 것이 훨씬 유리하다는 것을 뜻한다.

김연아가 2022년 올림픽에 나온다면

2009년 3월 29일은 피겨스케이팅에서 특별한 날이다. 19세 소녀였던 '피겨 여왕' 김연아가 2009년 세계피겨선수권대회에서 여자 싱글 사상 최초로 200점을 넘어선 날이다. 그전까지 여자 피겨스케이팅에서 총점 200점을 넘긴다는 것은 상상할 수조차 없었다.

김연아는 전날 열린 쇼트프로그램에서 76.12점을 기록한 데 이어 이날 프리스케이팅에서 131.59점을 받아 총점 207.71점으로 1위를 차지했다.

이날 김연아는 뛰어난 점프와 카리스마 넘치는 연기로 2만 명이 넘는 관중을 압도했다. 점프와 스핀에서 한 차례씩 실수가 있었던 것을 제외하면 모든 기술이 완벽했다. 워낙 연기 자체가 아름답고 기술이 압도적이어서 실수가 있었음에도 엄청난 신기록을 낼 수 있었다. 해외 언론사인 AP통신은 "김연아는 환상적인 연기로 아주 작은 실수도 잊어버리게 했다"라며 감탄을 아끼지 않았다.

김연아의 오랜 라이벌이었던 일본의 아사다 마오가 199점대에 먼저 도달했지만 200점에는 미치지 못했다. 아사다 마오는 트리플 악셀공중에서 앞으로 점프해 세 바퀴 반을 도는 기술이라는 고난도 점프를 할 수 있었다. 이 기술을 구사할 수 있는 여자 선수는 아사다 마오밖에 없었다. 워낙 어려운 기술인 만큼 제대로 성공만 시킨다면 매우 높은 기술점수를 받을 수 있었다.

하지만 아사다는 김연아에게 미치지 못했다. 총점 200점도 김연아에 먼저 자리를 내준 뒤 몇 개월이 지나 간신히 넘어섰다. 점프 기술은 탁월했지만 예술점수가 부족했기 때문이다.

반면 김연아는 예술점수가 탁월했다. 김연아는 음악에 맞는 우아한 안무에 표정 연기까지 더해 예술성을 끌어올렸다. 예술점수를 매기는 다섯 가지 항목 가운데 네 가지 항목에서 10점 만점에 9점대를 받았다. 당시만 해도 여자 선수가 한 항목이라도 9점대 점수를 받는 일 자체가 드물었다. 하지만 김연아는 차원이 다른 연기로 한계를 깨고 새로운 기록을 세울 수 있었다.

김연아는 이후 자신의 세계 최고 기록을 잇달아 갈아치웠다. 2010년 2월 밴쿠버 동계올림픽에서는 쇼트 78.50점, 프리

김연아는 여자 피겨스케이팅 역사상 최초로 총점 200점을
넘은 선수가 되었다.

150.06점, 총점 228.56점이라는 경이적인 점수를 올리면서 빛나는 금메달을 목에 걸었다.

김연아는 모두 열한 번의 세계 최고 기록을 수립했다. 이 중 여덟 번은 자신의 기록을 스스로 갈아치운 것이었다. 김연아가 보유했던 쇼트프로그램의 최고 점수는 2014년 세계선수권대회에서 아사다 마오가 뛰어넘을 때까지 세계 최고 기록이었다. 프리스케이팅과 총점 기록은 2017년 유럽선수권대회에서 러시아의 예브게니야 메드베데바에 의해서 깨질 때까지 7년 넘게 세계 최고 기록의 자리를 지켰다.

피겨스케이팅 점수는 어떻게 매겨질까?

골대에 공을 집어넣으면 득점이 되는 축구나 농구와 달리 피겨스케이팅은 철저히 심판의 채점으로 승부가 좌우된다. 그렇다 보니 심판 판정 논란이 끊이지 않는다.

피겨스케이팅의 점수는 기본적으로 기술점수와 예술점수를 합쳐 매겨진다. 피겨스케이팅에서는 점프나 스핀, 스텝 등 각 기술마다 기본 점수가 정해져 있다. 기술점수는 각 기술의 기본 점수에 GOE Grade of Execution라고 부르는 가산점을 더해 점수를 매긴다.

기술의 완성도를 평가하는 테크니컬 패널 3명은 선수가 점프와 스핀 기술을 제대로 수행하는지 유심히 살핀다. 점프에선 회전 수를 제대로 지켰는지, 규정대로 스케이트 날을 사용했는지 등을 확인한다. 스핀과 스텝에 붙는 점수도 이들이 결정한다.

표현력을 심사하는 저징 패널 9명은 테크니컬 패널들이 매긴 기술별 기본 점수에서 가산점을 주거나 점수를 깎는다. 해당 기술의 수행을 얼마나 완벽하게 했는지에 따라 등급을 매긴다. 심판 9명의 점수 중 최고점과 최저점을 뺀 나머지 점수들의 평균을 내서 가산점을 주게 된다. 요약하자면 테크니컬 패널이 각 기술의 기본 점수를 매기고, 여기에 저징 패널이 매긴 가산점을 더하면 최종 기술점수가 나온다.

예술점수는 앞서 설명했듯 스케이팅 기술, 연결 동작, 연기 수행, 안무 구성, 곡 해석 능력 등 다섯 가지를 평가한다. 엄격한 기준에 따라 매겨지는 기술점수와 달리 예술점수는 심판들의 주관적인 판단이나 성향이 크게 좌우한다. 테크니컬 패널 3명은 예술점수에는 전혀 관여하지 않는다. 예술점수는 9명의 저징 패널의 몫이다.

예술점수는 0~10점까지 0.25점 단위로 채점한다. 여자 싱글은 쇼트프로그램의 예술점수에 0.8을 곱하고, 프리스케이팅은 1.6을 곱해 점수를 낸다. 계수를 곱하는 이유는 기술점수와 예술점수의 점수 비율을 50 대 50 수준으로 맞추기 위해서다. 이렇게 나온 기술점수와 예술점수를 합치면 쇼트프로그램이나 프리스케이팅의 최종 점수가 된다.

100년 넘게 이어진 규칙이 바뀐 이유

원래 피겨스케이팅은 1901년부터 100년 넘게 '6.0 시스템'이라는 채점 방식을 사용했다. 선수가 연기를 하면 심판이 그 수준에 따라 1점부터 6점까지 점수를 매기는 방식이다. 경기에 아예 참가하지 않으면 0점을 줬다. 지금의 채점 방식보다 훨씬 간단하다.

6점 만점으로 단순하게 채점을 하다 보니 심판의 주관적인 판단이 점수에 좌우될 수밖에 없었다. 스케이트 실력이나 연기를 넘어 선수의 국적이나 피부색, 인맥 등이 점수에 반영됐다.

전통적인 6.0 시스템은 2002년 솔트레이크시티 동계올림픽에서 벌어진 심판 담합 사건을 계기로 역사 속으로 사라졌다. 당시 남녀가 함께 연기를 하는 페어 종목에서 러시아 팀에게 금메달을 주기 위해 동유럽 심판들이 서로 짜고 점수를 조작했다는 의혹이 제기됐다. 국제빙상연맹이 조사한 결과 사실로 밝혀졌다. 결국 국제올림픽위원회는 심판들의 장난으로 억울하게 금메달을 놓친 캐나다 팀에게 공동 금메달을 수여했다.

이후 채점 방식은 2002년부터 판정 시비를 없애기 위해 지금과 같은 방식으로 바뀌었다. 물론 세부적인 채점 기준이나 방식은 매년 조금씩 변화하고 있다.

하지만 2014년 소치 동계올림픽에서 김연아가 러시아의 텃세에 밀려 억울하게 금메달을 놓친 것처럼 여전히 판정 시비는 끊이지 않고 있다. 서로 생각이 다르고, 보는 눈이 주관적인 인간이 채점을 하는 한 아무리 완벽한 제도를 도입하더라도 논란을 완전히 해결하기는 어려울 것이다.

만약 김연아가 지금 선수로 활약한다면

피겨스케이팅 여자 싱글의 세계 최고 점수는 240점을 넘어선 지 오래다. 평창동계올림픽에서 은메달을 목에 걸었던 메드베데바는 올림픽 1년 전이었던 2017년 월드팀트로피 대회에서 241.31점을 기록해 최초로 240점 벽을 돌파했다. 2020년 1월 기준으로 최고 기록은 러시아의 알레나 코스톨나야가 세운 247.59점이다.

그렇다면 지금 활약 중인 러시아 선수들의 실력이 김연아보다 훨씬 뛰어난 것일까? 전문가들은 그렇지 않다고 말한다. 현재 정상급 선수들이 김연아가 활약했던 시절보다 더 어려운 점프를 하는 것은 틀림없다. 예전에는 상상하기 힘들었던 4회전 점프도 성공한다. 4회전 점프는 남자 선수들도 쉽게 해내기 어려운 초고난도 기술이다. 하지만 피겨스케이팅은 어려운 점프를 많이 뛴다고 해서 무조건 좋은 점수를 받는 종목이 아니다. 점프를 얼마나 완벽하게 해내느냐가 더 중요하다.

현재 러시아 선수들은 스케이트 날을 규정대로 사용하지 않는다는 지적을 끊임없이 받고 있다. 무엇보다 예술적인 부분에서 김연아와 비교할 수 없다. 선수들이 기술점수를 더 많이 받기 위해 어려운 점프에만 몰두하다 보니 피겨스케이팅 본연의 아름다움을 소홀히 한다는 지적을 받고 있다. 빙상계에선 피겨스케이팅이 예술성을 잃어버린 채 점프 경연 대회로 전락했다는 비판이 이어지고 있다.

김연아가 2010년 밴쿠버 동계올림픽에서 거둔 228.56점과 현재 최정상급 선수들이 기록한 240점대 점수는 비교 자체가 불가능하다. 지금은 그때와 비교해 기술의 점수 기준이 달라졌기 때문이다. 가산점도 김연아가 활동한 시절에는 기술마다 최대 3점까지 줬지만 지금은 5점까지 주는 게 가능하다. 일부 피겨스케이팅 전문가들은 김연아가 밴쿠버 올림픽에서 보여 준 연기를 지금의 채점 기준으로 환산하면 250점대도 가능할 것이라 평가한다. 시간이 많이 흘렀지만 김연아는 김연아다.

인공지능이 심판을 본다면

2019년 7월 11일은 야구에서 특별한 날이다. 미국의 독립야구 리그인 애틀랜틱리그 올스타전에서 인공지능 심판인 트랙맨 Trackman이 등장했기 때문이다. 트랙맨이 먼저 스트라이크 판정을 내리면 주심은 블루투스 이어폰을 통해 트랙맨이 전하는 판정을 듣고 스트라이크와 볼을 구별하는 콜 사인을 냈다. 메이저리그 사무국은 애틀랜틱리그에서의 시범 운영으로 트랙맨의 미비점을 보완한 뒤 메이저리그에도 도입하겠다고 밝혔다.

AI Artificial Intelligence라고도 하는 인공지능은 인간의 지능처럼 학습하고 생각하고 판단하는 컴퓨터 프로그램이다. 넓은 의미에선 프로야구, 프로축구에서 시행되고 있는 비디오 판독도 인공지능이라고 할 수 있다. 1936년 베를린올림픽 펜싱 에페 종목에서 처음 채택된 전자 채점 장비는 인공지능 심판의 초보적 형태라 할 수 있다. 태권도의 전자호구 시스템 역시 인공지능 심판이라고 할 수 있다.

트랙맨의 비밀, 레이더

인공지능 심판인 트랙맨은 레이더와 데이터로 구성된다. 레이더는 공의 궤적을 추적하는데, 홈플레이트를 지나는 공의 위치를 파악하기 위해 경기장 지붕에 설치된다. 데이터는 레이더를 통해 파악된 공의 궤적을 참고해 투수가 던진 공의 스트라이크존 통과 여부를 결정한다.

그런데 한 가지 의문이 든다. 타자의 키가 다르면 스트라이크존의 높이도 달라질 수 밖에 없는데 과연 트랙맨은 타자별로 공평하게 스트라이크존을 설정할 수 있을까? 타자가 타석에 들어서면 트랙맨은 제일 먼저 타자의 키와 자세를 분석해 스트라이크존을 설정한다. 175센티미터의 타자이든 185센티미터의 타자이든 각 타자의 신장과 타격 자세에 맞춰 스트라이크존을 설정한다는 얘기다. 신기하기도 하고 놀랍기도 하다. 트랙맨은 얼마나 정확할까? 아직은 완벽하다고 할 수는 없지만 현재 시범 운영 중인 애틀랜틱리그에서는 호평을 받고 있다.

우리나라 프로야구 리그에도 도입한다면 어떨까? 한국야구위원회는 2019년 7월 25일 심판 개혁안을 발표하면서 트랙맨을 활용한 '자동 볼 판정 시스템' 도입을 적극 검토하겠다는 입장을 밝혔다. "인공지능 심판을 도입하지 않을 이유가 없다. 여건이 좋아지면 미국보다 더 첨단 시스템으로 도입할 것을 적극 논의하겠다"라고 밝혔다. 멀지 않은 시기에 우리나라 프로야구 리그에서도 주심이 인공지능과 연결된 이어폰을 끼고 판정을 내리는 모습을 볼 수 있을 것이다.

인공지능이 예술성을 평가할 수 있을까?

스포츠는 과학기술과 함께 발전해 왔다. 만약 100미터를 몇 초에 뛰었는지 정확하게 계측할 수 없다면, 0.01초의 차이를 구별해 낼 수 없다면 육상, 수영 등과 같은 기록 종목은 상상할 수 없는 혼란과 착오에 휘말릴 것이다. 1896년 제1회 아테네올림픽에서 등장한 계측 시계는 0.2초의 차이까지 구별할 수 있었고 1932년 로스앤젤레스 올림픽에서는 0.1초의 차이를 측정하는 기술이 도입됐다. 기술은 계속 발달해 지금은 0.001초 단위로 선수들의 기록을 측정하고 있다. 그렇다면 과학기술의 발전은 어디까지일까? 스포츠에서 인공지능은 과연 어느 영역까지 도달할 수 있을까?

트랙맨 같은 과학기술의 도입은 인간의 한계를 보완해 좀 더 공정한 판정을 구하기 위한 방법이라 할 수 있다. 축구공이 골 라인을 넘어갔는지, 주자의 발과 야구공 중 무엇이 먼저 베이스에 닿았는지는 인간의 시각적 한계에 관한 문제이자 움직이는 물체의 시간 측정 문제이기도 하다. 그리고 야구공이 스트라이크존을 통과했는지 판별하는 기술은 공간을 측정하는 놀라운 기술이라고 할 수 있다.

인공지능의 놀라운 공간 측정은 체조에도 도입이 되고 있다. 국제체조연맹은 2019년 세계선수권대회에서 인공지능 판정 시스템을 시범 운영했다. 2개의 3차원 레이저 센서를 설치했는데 각각의 레이저는 1초당 200만 회의 레이저를 발사해 선수의 움직임을 기록한다. 체조의 인공지능 판정 시스템은 레이저가 기록한 선수의 움직임을 데이터베이스 자료와 비교해 기술의 성공 여부를 판단한다. 선수의 기술 동작이 완벽하지 못했거나 실수가 있을 경우엔 감점을 부과하고 기술의 난이도에 따라 가산점을 부여하기도 한다. 공중에서 세 바퀴 반을 정확히 돌았는지, 자세가 흐트러지지 않았는지는 물론이고 선수가 점프를 할 땐 도약 높이까지 측정해 점수를 매긴다. 인공지능 판정 시스템을 개발한 기업은 체조에서 인공지능 판정 시스템이 성공을 거둔다면 피겨 스케이팅에서도 선수들의 연기를 채점하는 것이 가능하다고 자신한다.

그러나 인간의 한계를 극복한 인공지능 판정 시스템도 100퍼센트 완벽하다고 할 수는 없다. 국제체조연맹의 와타나베 모리나리 회장은 "인공지능은 선수들의 기술을 완벽에 가깝게 평가할수는 있지만 인간의 표현력과 리듬감, 감정적 요소는 평가하기 어렵다. 인공지능은 심판의 보조 역할을 할 수 밖에 없다"라고 말한다. 무슨 뜻일까? 인간은 인간만이 느낄 수 있는 감정을 갖고 있다. 인간의 신체로 표현한 완벽한 기술에서 우리는 아름다움을 느끼고 감동을 느낀다. 이것이 바로 예술성이다. 인공지능이 인간처럼 섬세한 감정으로 감동을 느낄 수 있을까? 불가능하다. 결국 예술성은 인간만의 영역이기 때문이다.

인공지능 시대의 심판이 해야 할 역할

스포츠는 종목별로 특징을 갖고 있다. 육상, 수영처럼 0.01초를 다투는 기록종목이 있고 야구, 축구처럼 늘 다양한 상황이 전개되기 때문에 상황별로 정해진 룰에 의해 판정을 내려야 하는 구기종목도 있다. 또 피겨스케이팅, 리듬체조처럼 선수들이 신체로 표현한 아름다움에 대한 평가를 내려야 하는 연기종목도 있다. 그렇다면 인공지능 심판의 영역은 어디까지일까? 인간이 한계를 드러내듯 인공지능 역시 한계를 가질 수밖에 없다. 인공지능 심판의 한계는 시간과 공간에 대한 정밀한 측정에 머무른다는 것이다.

스포츠에선 심리도 중요하다. 경기에서 유리한 상황을 만들기 위한 선수들의 심리전, 관중들의 흥분한 마음, 눈에 보이지 않는 경기의 흐름 모두 경기에 영향을 미친다. 매 순간마다 판정을 내리며 경기를 진행해야 하는 심판에게는 경기의 흐름을 조절하는 것도 중요한 역할이라 할 수 있다. 과열된 경기는 진정시켜야 하며 경기를 고의로 지연시키는 행위는 저지하고 경기에 개입하는 관중의 비매너도 막아야 한다. 모두 스포츠에서 자주 벌어지는 상황이다.

붉은 악마의 응원, K리그 서포터즈의 응원, 야구장의 응원 등 모든 경기장의 응원에는 공통점이 있다. 선수들은 팬들의 응원을 가슴으로 느끼고 힘을 얻는다. 직접적인 대화는 아니지만 경기장에선 팬들과 선수들이 응원을 통해 서로 마음을 주고받는다. 심판도 마찬가지다. 심판은 경기 중에 오감을 동원한다. 보고 듣고 느끼고 심지어 냄새까지도 맡으며 경기를 진행해야 한다. 팬들이 무얼 원하는지, 선수들은 무엇을 요구하는지, 왜 흥분하는지, 경기장에 위험 요소는 없는지, 심판은 선수들의 몸짓과 눈빛, 관중의 함성을 들으며 마음으로 대화한다. 심판도 때론 눈빛과 손짓만으로 선수와 감독에게 자신의 뜻을 전달하기도 한다. 이 역시 무언의 대화다. 축구 심판은 때론 경기를 중단시킨 뒤 일부러 양팀의 주장을 불러 반칙을 자제하라고 주의를 주기도 한다. 경기를 한 박자 늦춰 잔뜩 달아오른 분위기를 식히는 것이다. 야구 심판은 투수의 신발끈이 풀어진 것을 발견하고 끈을 다시 매라고 경기를 중단하는 일도 있다. 심판은 모든 선수가 기량을 최대한 발휘할 수 있도록 배려한다.

팬과 선수는 경기에서 오직 하나만 생각한다. 승리. 이것이 목적이다. 그러나 심판은 다르다. 심판은 누가 승리하는지와는 상관없이 안전하고 공정한 경기를 만드는 것을 목표로 한다.

또한 심판은 경기장을 최적의 환경으로 유지하기 위해 노력한다. 이는 모두 인공지능 심판이 할 수 없는, 인간만이 조절하고 판단할 수 있는 영역이다. 인공지능이 아무리 뛰어나다고 한들 인간이 아니면 해낼 수 없는 심판의 영역이 여전히 존재하는 것이다.

앞으로 인공지능 심판의 역할이 커지더라도 인간이 심판으로서 존재해야 할 결정적인 또 하나의 이유가 있다. 기계적 결함이다. 물론 기술이 발전할수록 인공지능의 결함은 보완될 것이고 완벽에 가까워질 것이다. 하지만 지금은 완전히 신뢰할 수는 없는 수준이다. 트랙맨은 공이 한 번 바닥에 튕긴 다음 스트라이크 존을 통과해도 스트라이크로 인식하는 오류를 범한 적이 있다.

1976년 몬트리올올림픽에서 체조 역사상 최초로 10점 만점을 기록한 루마니아의 체조 선수 나디아 코마네치는 "인공지능 데이터에 입력되지 않은 새로운 연기를 펼치면 어떻게 점수를 줄 것인가"라는 의문을 던졌다. 체조 선수 양학선이 '양1', '양2'에 이어 자신의 이름을 딴 '양3'라는 신기술을 최초로 선보인다면 인공지능은 데이터에 입력되지 않은 기술에 대해 공정하게 평가할 수 없다는 얘기다. 시간 계측에서도 때때로 오작동이 발생해 경기가 중단되는 사고가 발생하기도 한다. 아무리 인공지능이라 할

지라도 완벽할 수는 없다는 것이다. 인간의 한계를 보완하기 위해 인공지능을 발명했듯이, 인공지능 역시 한계가 있을 수밖에 없기 때문에 인간을 필요로 한다. 스포츠는 단순히 선수와 선수가 실력을 겨뤄 승패를 겨루는 몸의 대결이 아니다.

'정보의 바다'라는 말이 있듯이 인터넷에서는 정보가 차고 넘친다. 정보 과잉이라는 지적까지 나올 정도다. 그런데 묘한 게 정보가 차고 넘칠수록 사람들은 더욱 더 정보에 목말라하며 정보를 찾아 나선다. 이는 두 가지 정도의 의미를 함축한다고 할 수 있다. 하나는 믿을 만한 정보가 생각만큼 많지 않다는 것이고 또 하나는 좀 더 깊이 있는 정보를 원한다는 뜻이다. 그중에서도 스포츠에 관한 정보를 전달하고 해석하는 일을 하는 사람이 스포츠 평론가다.

비평은 옳고 그름이나 가치에 대한 평가를 내리고 정의하는 작업이다. 스포츠 평론가는 스포츠에서 벌어지는 모든 일을 다양한 관점으로 생각하고 분석한 뒤 자신의 생각을 정리해 의견으로 제시하는 일을 한다.

비평에서 중요한 것은 자신만의 관점이다. 관점은 세상을 바라보는 눈이라고도 할 수 있다. 예를 들어 '이강인'이라는 한국 축구의 새로운 희망이라 할 만한 유망주가 등장했을 때 한국 축구의 전반적인 시스템과 축구 환경, 문화라는 관점에서 새로운 선수가 얼마큼 영향력이 있을지, 어떤 의미를 갖는지 분석해 낼 수 있다. 반면에 '이강인'이라는 한 개인의 성장과 발전이라는 관점에서 선수를 설명할 수도 있다. 그러나 어떠한 분석의 틀을 이용하든 평론가에게 중요한 것은 자신만의 관점으로 표현할 수 있어야 한다는 것이다.

따라서 스포츠 평론가에게 중요한 것은 풍부하면서도 깊이 있는 관점이다. 이는 많이 읽고 보고 듣는 것으로 쌓아나갈 수 있다. 또한 스포츠 평론가라고 해서 스포츠에 관한 책과 경험만으로 자신의 지식과 감성, 상상력을 제한해선 안 된다. 평론의 틀을 완성하기 위한 학습의 소재가 스포츠로만 한정된다면 선수나 팀의 경기력에 관한 단순한 해설에 그칠 가능성이 크기 때문이다. 그렇기에 스포츠뿐만이 아니라 문학과 사회과학, 인문학 등 다양한 방면의 독서와 학습이 필요하다. 또한 평론은 말과 글로 표현된다는 점에서 글쓰기와 말하기 능력을 키우는 것도 중요하다.

현재 국내에서 활동하는 스포츠 평론가는 스포츠 기자 출신이 많다. 하지만 요즘에는 온라인 커뮤니티와 유튜브 등에서 평론 활동을 하는 스포츠 팬이 많아지고 있다. 스포츠에 대한 열정, 깊이 있는 지식과 관점을 갖춘 사람이라면 누구나 스포츠 평론가가 될 수 있는 시대가 온 것이다.

심판이 없는 스포츠를 상상할 수 있을까? 만약 심판이 없다면 선수들이 아무렇게나 반칙을 저질러 혼란스러운 상황이 생길 것이다. 싸움이나 욕설을 제재할 사람도 없어 경기는 난장판이 될 것이다. 그렇기에 스포츠의 역사에서 심판은 언제나 매우 중요한 역할을 해왔다.

스포츠 심판은 기본적으로 경기 전체를 관장하는 주심과 이를 보조하는 부심과 선심으로 나뉜다. 최근에는 많은 경기에 비디오 판독 제도가 도입되면서 비디오 판독을 전문으로 하는 심판도 생기고 있다.

스포츠 심판에게 가장 중요한 능력은 무엇일까? 당연히 경기 규칙을 잘 알고 있어야 한다. 이뿐만 아니라 선수들 간의 갈등을 효과적으로 중재하거나 분위기를 진정시키는 의사소통 능력, 체력적 준비도 필요하다. 특히 축구 심판은 선수들의 플레이를 가까이에서 관찰하기 위해 경기 내내 그라운드에서 뛰어다니기에 강한 체력이 필수다.

심판이 되려면 적지 않은 노력이 필요하다. 우선 자격증을 따거나 시험에 합격해야 한다. 세계적인 스포츠인 축구는 5급 심판부터 국제 심판까지 자격증 발급 체제를 일찌감치 구축했다. 5급 심판 자격증 시험에는 청소년도 응시할 수 있다. 만 15세 이상이면서 시력이 1.0 이상이면 지원할 수 있다.

국내 프로야구 심판이 되려면 한국야구위원회에서 주관하는 공채 시험에 합격해 2군 경기에서 5년 정도 활동해야 1군 경기에 심판으로 나설 수 있다.

그런데 국내의 2급, 3급 심판 수는 계속 늘어나는 반면 최상급 심판인 1급 심판의 성장세는 매우 미미하다. 심지어 야구, 축구, 농구, 배구와 같은 인기 스포츠에서도 1급 심판이 선수들에 비해 부족한 현실이다. 그래서 스포츠 심판에 대한 처우를 개선해 심판의 수를 늘려야 한다는 목소리가 높아지고 있다.

또한 선수나 지도자 출신만 1급 심판이 될 수 있다는 선입견이 아직까지는 만연한 상황이다. 선수 출신이 아닌 사람이 프로 스포츠의 심판이나 국제 심판이 되는 경우는 매우 드물다. 다만 최근 야구의 경우 생활체육으로 즐기는 사람이 늘어나면서 선수 출신이 아닌 심판의 수도 점차 늘어나고 있다.

유도, 아이스하키, 체조 등의 종목에서는 '젊은 심판 양성 프로젝트'를 통해 선수 경험이 없더라도 심판이 될 수 있도록 돕고 있다. 또한 많은 종목에서 남성 중심의 심판 체제를 개선하기 위해 여성 심판을 양성하는 프로그램을 운영하고 있다.

4장

진정한
스포츠 정신이란

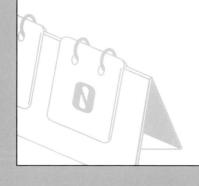

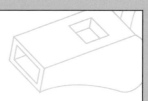

05:05

스포츠 정신의 핵심은 정정당당함이다.
공정한 규칙 아래 자신의 실력을
최선을 다해 발휘하는 것이다.

TEAM	1	2	3	4	5	6	7	8	9	10	11	12		B
ABC	0	0	0	0	0	1	4	0	0	1			**1**	S
• abc	2	0	0	0	0	2	1	0	0	0				O

도핑 테스트는 언제나 정확할까?

세계도핑방지기구WADA는 2019년 집행위원회를 열어 러시아 선수들이 4년간 국제 스포츠 대회에 출전하지 못하도록 하는 징계를 내렸다. 러시아 선수들이 2012~2015년 도핑 테스트에 제출한 샘플을 바꿔치기한 사실이 드러났기 때문이다. 금지 약물을 복용한 사실을 감추기 위해서였다. 이에 따라 러시아는 4년간 세계 주요 국제 대회에 참가 금지를 당했을 뿐만 아니라 국제 대회 유치도 금지당했다. 가깝게는 2020년 도쿄올림픽, 2022년 베이징 동계올림픽, 2022년 카타르월드컵 등 굵직한 국제 스포츠 대회에 나설 수 없게 되었다. 도핑을 하지 않은 러시아 선수들은 대회에 출전할 수는 있으나 유니폼에 러시아 국기를 달지 못하고 중립국 신분으로 뛰어야 한다.

2015년 수영 선수 박태환은 인천아시안게임 도핑 테스트에서 남성호르몬의 일종인 네비도 성분이 검출되어 18개월간의 선수 자격 정지 처분을 받고 2014년 인천아시안게임에서 획득한 6개의 메달도 모두 박탈당했다. 가장 큰 논란은 그가 금지 약물을 알고도 투여했는지에 대한 여부였다. 박태환은 한국도핑방지위원회에 재심사를 요청했지만 도핑 테스트에는 예외가 없다는 엄격한 기준이 있어 판결을 되돌릴 수 없었다.

위와 같은 예에서 볼 수 있듯이 도핑은 개인이나 팀은 물론 국가적 차원에서 일어나기도 한다. 그리고 고의적이든 고의적이지 않든 도핑은 어떠한 예외도 인정되지 않는다. 만약 규정을 위반할 경우에는 어떠한 관용도 베풀지 않는다는 원칙이 있다. 이렇게 엄격하고 무관용의 원칙이 있으며 징계 또한 가볍지 않은데 도핑은 왜 여전히 발생하고 있을까?

도핑이란 스포츠 선수가 경기력이나 성적을 향상시킬 목적으로 약물을 사용하거나 특수한 처치를 하는 것이다. 우리나라의 국민체육진흥법 제2조 제10호는 "선수의 운동능력을 강화시키기 위해 문화체육관광부장관이 고시하는 금지 목록에 포함된 약물 또는 방법을 복용하거나 사용하는 것"으로 정의하고 있다.

세계도핑방지기구는 선수의 경기력을 향상시키는 효력을 가지고 있거나 선수의 생명에 위협이 될 수 있다고 판단되는 약물을 선정해서 매년 9월에 발표한다. 그렇게 발표된 내용은 그다음

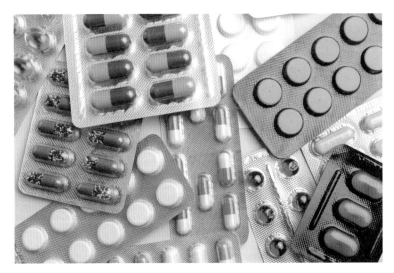

도핑은 선수 개인적으로도, 팀이나 국가 차원에서 일어나기도 한다. 그리고 어떠한 예외도 인정되지 않는다.

해 1월 1일부터 효력이 발생하게 된다.

세계도핑방지기구는 금지 약물을 사용하는 것은 물론 사용 행위를 은폐하거나 약물을 몰래 거래하는 행위, 그리고 그런 행위를 조금이라도 시도하는 것까지 모두 규정을 어기는 행위라고 정의하고 있다.

그런데 도핑은 꾸준히 진화되어 왔다. 최근에는 약물 복용뿐만 아니라 다양한 방법의 도핑도 이루어지고 있다. 심지어는 약물을 쓰지 않는 도핑도 있다.

피를 미리 뽑아 두는 혈액도핑

자신이나 타인의 피를 미리 뽑아서 산소 운반에 도움을 주는 적혈구를 분리해 보관했다가 경기 직전에 다시 수혈하는 방법이다. 이 방법은 수영이나 사이클 같은 유산소 종목의 선수에서는 일시적으로 경기력을 높이기도 하지만 심장마비와 같은 심각한 부작용을 일으킬 수 있어 국제올림픽위원회에서 금지하고 있다. 도핑 테스트에서는 선수의 혈액 속 적혈구, 헤모글로빈의 수치 등을 분석해 도핑 여부를 심사하고 있다.

운동 기구를 조작하는 기계도핑

약물 복용이나 주사 등 몸에 흔적이 남는 도핑은 단속에 걸리지 않으려 해도 빠져나가기가 쉽지 않다. 그러다 보니 경기에서 사용하는 운동기구를 조작하는 선수도 나오고 있다. 경기 장비를 불법 개조해 성적을 올리는 수법인데, 이를 '기계도핑'이라고 표현한다.

예를 들어 장비를 사용하는 대표적인 종목인 사이클에서 자전거 내부에 모터와 배터리를 달아 전기 자전거처럼 개조했다가 적발된 사례가 있다. 이런 유형의 도핑은 약물 도핑과 달리 적발하기가 쉽지 않다는 점에서 선수들이 유혹에 빠지기도 한다. 야구에서는 반발력을 좋게 하는 물질을 끼워넣은 배트를 사용하다 배트가 부서지는 바람에 탄로가 난 선수가 있다.

뇌를 자극하는 브레인도핑

브레인도핑이란 뇌의 특정 부위에 전기 자극을 주는 수법으로 약물을 쓰지 않고 능력을 향상시키려는 시도다. 아직 검사할 방법이 없어서 확실한 규제도 없다. 브레인도핑의 위력은 어느 정도일까? 2016년 2월 미국 스키·스노보드 협회에서 스키점프 선수 7명을 대상으로 브레인도핑의 효과를 알아보는 실험을 했다. 이 실험에서 브레인도핑을 하면 균형 감각이 80퍼센트나 상승하는 것으로 확인되었다.

문제는 현재의 기술로는 이걸 잡을 수 있는 방법이 전혀 없다는 것이다. 기계도핑은 엑스레이 등으로 확인할 방법이라도 있지만 브레인도핑은 적발 방법이 현재로서는 전혀 없는 상황이다.

이런 도핑은 뇌에 직접 자극을 주는 것이라서 뇌에 문제를 일으킬 위험성이 있다.

왜 도핑을 금지할까?

스포츠 정신이란 정정당당하게 자신의 실력을 발휘해 다른 선수들과 기량을 겨루는 것이다. 선수들의 경기력에 영향을 미칠 수 있는 특별한 조치를 취하고 경기에 임하는 것은 이미 공정함을 저버린 행위인 것이다. 스포츠 선수들의 승리는 선수 자신이 들인 노력의 결과여야 가치가 있다. 상상해 보자. 정당한 노력 없이 특수한 처치를 받아 경기력을 높이고, 불법 장비를 사용해 경기 결과를 바꿀 수 있다면 어떻게 될까? 그야말로 질서라고는 없는 혼란에 빠지게 될 것이다. 이런 불법적인 행위를 금지하지 않는다면 선수와 지도자 그리고 팀은 힘든 훈련을 하기보다는 쉽게 신체 능력을 강화하는 약물을 찾아다닐 것이며, 땀 흘려 노력하기보다는 들키지 않고 좋은 기록을 낼 수 있는 장비를 구하러 다닐 것이다.

결국 스포츠에서 도핑을 금지하는 첫 번째 이유는 동일한 조건에서 공정한 경쟁을 저해할 수 있는 요인을 제거하기 위한 것이다. 모든 선수가 동일한 규칙과 조건 속에서 경쟁하도록 하기 위해서인 것이다. 육상 트랙 종목에서 바깥쪽 트랙을 배정받은 선수가 더 앞쪽에서 출발하도록 하는 이유도 이와 같다. 유도와

레슬링 등의 종목에서 체중을 엄격하게 구분하는 이유도 체중이 지나치게 차이가 나면 공정한 경기를 할 수 없기 때문이다.

스포츠에서 도핑을 금지하는 두 번째 이유는 안전하지 않은 부적절한 약물 때문에 선수의 생명이 단축되거나 목숨을 잃는 것을 막기 위함이다.

선수들이 이용하는 약물은 크게 흥분제·진통제·진정제·이뇨제·아나볼릭스테로이드라는 다섯 가지 영역으로 나누어진다. 이들 약물은 선수들의 체력과 정신력을 최대치로 높여 좋은 성적이 나오게 할 목적으로 사용되고 있다. 약물 복용은 단기간에 경기력을 향상시킬 수 있지만 장기적 복용이나 습관적 복용으로 이어진다면 오히려 선수의 건강을 해치는 원인으로 작용하게 된다.

선수들이 많이 사용하는 것으로 알려진 아나볼릭스테로이드는 간 손상, 심장 발작, 고환의 기능 쇠퇴, 정서 불안과 같은 부작용을 일으키는 것으로 알려져 있다. 많은 사람이 스포츠 선수들의 약물 복용을 엄격하게 규제하는 이유를 불공정함을 막기 위해서라고만 생각하는데 이것은 착각이다. 실제로 세계도핑방지기구가 필사적으로 지키려고 하는 것은 스포츠 정신이 아니라 선수들 그 자체다. 스포츠계에서는 그간 젊은 유망주들이 순간의 유혹을 이기지 못해 금지 약물에 손을 댔다가 폐인이 되거나 목숨까지 잃는 경우가 너무 많았다.

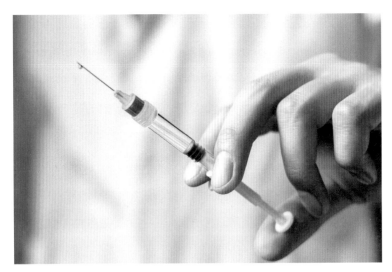

선수들이 이용하는 약물은 크게 다섯 가지 종류로 나누어진다.

스포츠 도핑을 완전히 막을 수 있을까?

미국의 한 스포츠 잡지사가 이런 설문조사를 했다.

"이 약을 복용하면 확실히 금메달을 딸 수 있다. 하지만 약물 부작용으로 당신은 7년 후에 사망할 것이다. 그래도 이 약을 복용하겠는가?"

여러분이라면 어떻게 대답했을까? 이 질문에 대한 운동선수들의 대답은 놀랍다. 약 80퍼센트의 선수들이 '당연히 복용할 것이다'라고 답했다. 이 충격적인 결과는 스포츠 선수들에게 금메달은 목숨만큼 소중한 것이라는 것을 의미한다. 도핑 사실이 적발되면 선수 자격이 정지되는 것은 당연하며 경기 성적까지 무효가 되고 입상자는 메달을 박탈당한다. 그런 사실을 잘 알면서도 이런 생각을 한다니 놀랍기만 하다.

선수들이 금지 약물을 사용하는 방법은 다양하다. 입으로 직접 복용하는 것뿐만 아니라 주사로 주입하는 방법, 크림 형태의 약물을 바르는 방법, 수혈을 통한 방법 등이 있으며 각 수법은 점점 진화하고 있다. 실제로 일부 약물은 체내에 들어가면 대부분 대사물질로 전환되기 때문에 검출하기가 상당히 어렵다.

과학기술이 발달한 현실에서 그런 불법 행위를 잡아내지 못하냐고 하는 이도 있을 것이다. 물론 검출 기술도 나날이 향상되고 있지만 새로운 금지 약물도 끊임없이 개발되고 있다.

새로운 금지 약물의 개발과 이를 적발하려는 노력의 대결은 스포츠계와 과학계의 커다란 관심사다.

운동선수가 아프면 약을 먹을 수 있을까?

힘든 훈련을 마친 선수들은 항상 피로와 싸우게 된다. 이러한 상황에서 다가오는 큰 적은 바로 '감기'이다. 감기에 걸렸다고 무턱대고 감기약을 먹었다가 도핑에 걸려 대회 메달이 박탈될 수 있다.

이뿐만 아니라 한약이나 건강보조제도 문제가 될 수 있다. 따라서 운동선수는 책임감을 가지고 자신이 먹을 수 있는 약을 항상 확인한 다음 복용해야 한다. 모르고 먹었다는 것은 용서받을 수 없는 변명이다. 도핑은 의도가 있었든 그렇지 않았든 금지되는 행위이기 때문이다.

그렇다면 선수들은 아프지도 못한다는 말일까? 운동을 하다 보면 반드시 따라오는 것이 부상이기도 하다. 현재 금지 약물로 지정된 약물에는 일반 환자들이 흔히 복용하는 제품도 있다. 따라서 선수들이 아파서 복용해야 하는 경우에는 '치료목적사용 면책 신청서'라는 증명서를 작성해 한국도핑방지위원회에 제출해야 한다.

선수도 질병이나 부상의 치료 목적으로 필요한 약물을 사용할 권리가 있다. 그러나 사용해야 할 약물이 금지 목록에 포함된 약물이라면 선수에게는 추가적으로 일정한 절차를 따를 의무가 있다. 이러한 제도가 치료목적사용 면책이며, 선수가 금지 약물을 치료 목적으로 사용하기 위해 허가받는 절차를 말한다. 또한 선수가 치료를 받고자 할 때에는 반드시 의사에게 선수임을 밝히고, 금지 약물이나 금지 방법을 사용하지 않도록 해야 한다. 의사의 판단에 따라 금지 약물의 사용이 불가피할 경우에는 공식적인 승인을 받은 후 치료를 받아야 한다.

바둑과 체스도 스포츠라고 할 수 있을까?

바둑은 흑백의 돌을 번갈아 바둑판에 놓아 차지한 집의 크기로 승패를 결정하는 게임이다. 치열한 두뇌 싸움이 필요하지만 다른 스포츠처럼 운동신경이 필요한 게임은 아니다. 이런 바둑도 스포츠라고 볼 수 있을까? 바둑은 2010년 광저우 아시안게임에서 정식 종목으로 채택되었다가 2014년 대회에는 제외되었다. 그러다가 2022년 항저우 아시안게임에서 다시 정식 종목이 되었다. 이처럼 바둑을 스포츠로 인정할 것인지에 대한 논쟁은 오래 이어지고 있다.

바둑은 언제부터 체육계의 문을 두드렸을까? 2001년 3월 한국기원은 대한체육회 가입을 신청했다. 바둑을 하는 인구를 늘리고 우리나라 바둑의 수준과 국제적 위상을 높이기 위해서였다.

그런데 이 과정에서 바둑계는 체육계에 심한 저항에 부딪혔다. 바둑계 내부에서도 정체성 혼란을 겪었다. 최고 수준의 두뇌 대결인 바둑을 신체 활동 위주인 체육이라고 할 수 없다는 반론이 있었다. 그럼에도 이듬해인 2002년 1월 대한체육회는 바둑을 체육 종목으로 인정했고 2006년 5월에 이르러서는 대한바둑협회를 준가맹단체로 승인했다. 그렇다면 바둑과 비슷한 장기, 체스도 스포츠일까? 이 물음에 답하기 위해서는 스포츠의 개념을 자세히 살펴보아야 한다.

스포츠의 네 가지 요소

스포츠의 핵심은 네 가지로 요약할 수 있다. 신체적 활동, 경쟁, 제도 그리고 내적·외적 보상이다.

첫 번째 요소인 '신체적 활동'은 스포츠를 가장 스포츠답게 해주는 중요한 요소다. 야구, 축구, 농구, 태권도, 테니스 등 대부분의 스포츠 종목은 격렬한 신체 활동을 포함하고 있다. 하지만 놀이나 게임, 레크리에이션 등에도 신체적 활동이 포함되므로 이를 스포츠만의 특성으로 보기는 어렵다. 이런 신체 활동만을 기준으로 했을 때는 e스포츠나 바둑, 체스 등은 격렬한 신체 활동을 요구하지 않기에 스포츠가 될 수 없다.

두 번째 요소인 '경쟁적 활동'은 타인과 동일한 규칙 아래에서 실력을 겨루는 것이다. 서로의 능력을 겨루는 투쟁이라 할 수 있

바둑은 치열한 두뇌 싸움이 필요하지만 다른 스포츠처럼 운동신경을 요구하지는 않는다. 이런 바둑도 스포츠라고 볼 수 있을까?

다. 점심시간에 학교에서 축구공을 차는 것과 우리나라 축구 국가대표팀이 국가대항전을 하는 것에는 큰 차이가 있다. 치열한 경쟁은 선수들의 기량과 경기의 수준을 높여 주어 스포츠를 더 흥미롭게 하는 요소다.

세 번째 요소인 '제도화된 활동'이란 스포츠가 참가자들이 모두 따라야 하는 공식적인 규율이 있는 활동임을 뜻한다. 또한 이를 관리하는 조직이 있는 등 체계적인 구조가 있는 활동이라는 뜻이다. 스포츠 종목의 경기 규칙은 시간이 지나면서 굳어진다. 그리고 그 경기를 주최하고 운영하는 조직이 만들어지며, 사용하는 도구나 장비, 시설에 대한 규칙도 생긴다. 예를 들어 월드컵을 비롯한 다양한 국제 축구 대회는 국제축구연맹이 개최하고 운영한다. 그리고 각 팀에서도 조직적이고 체계적인 활동이 이루어진다. 선수와 코치, 감독 그리고 심판이 각자의 영역에서 역할을 수행하면서 경기가 진행된다. 그리고 모든 경기의 결과는 공식적으로 기록된다.

마지막 요소인 '내적·외적 보상'이란 스포츠가 특정한 보상을 얻고자 하는 사람들이 참가하는 활동이라는 뜻이다. 여기에는 각종 경기에서 승리해 얻는 심리적 만족감과 희열, 경제적 보상 등을 꼽을 수 있을 것이다.

그렇다면 바둑이나 장기, 체스 등은 이 네 가지 요소에 얼마나 부합한다고 볼 수 있을까? 바둑은 바둑돌을 두는 행위 이외엔 특

스포츠 경기는 선수와 코치, 감독 그리고 심판이 각자의 영역에서 역할을 수행하며 진행된다.

인공지능이 스포츠 심판이라면

별한 신체적 움직임이 필요 없는 활동이다. 운동신경을 겨루는 종목이 아니므로 스포츠라기보다는 게임으로 봐야 하지 않을까?

하지만 스포츠의 의미는 시간이 갈수록 점점 더 확장되어 가고 있다. 애초에 스포츠는 오래전 인류의 놀이 활동에서 시작되어 발전했다.

확장되고 있는 스포츠의 의미

스포츠sport는 '뛰어놀다'의 뜻의 고대 프랑스어인 'desport'에서 유래했다. 이것이 영국으로 건너가 '기분을 풀다'라는 영어 단어인 'disport'로 변형되었고 이후 'sport'가 되었다. 중세 영어에서 'sport'는 명사와 동사의 뜻이 달랐다. 명사로는 '여가'를, 동사로는 '기분을 전환하다'라는 뜻으로 사용되었다. 오늘날 미국에서는 신체 활동과 관련된 다양한 행위와 조직을 가리키는 일반적 용어로 복수인 'sports'를 선호한다. 영국을 비롯한 그 외 지역에서는 스포츠가 하나의 제도라는 의미를 강조해 단수인 'sport'가 사용되고 있다.

스포츠는 프로 선수들이 경기에 참여한다. 전문적이며 공식적인 경기가 펼쳐진다. 그 결과에 따라 선수들에게 상당한 금전적 보상이 주어지기도 한다. 한편으로 스포츠는 놀이 수준에서 이루어지기도 한다. 학교 운동장에서 친구들끼리 특별한 형식 없이 재미있게 공을 차며 즐기는 축구는 놀이의 수준에서 이루어지는 스포츠다.

이처럼 스포츠는 하나의 어원에서만 유래하지 않는다. '뛰어놀다', '기분 전환을 위한 활동', '신체 활동', '경기', '도박' 등 시대와 문화에 따라 다양했던 의미들이 오늘날 스포츠라는 용어를 구성하고 있다고 할 수 있다. 스포츠의 어원을 통해 우리는 다양한 문화가 뒤섞이고 상호작용하는 인간 사회를 엿볼 수 있다.

과거부터 지금까지 체육 전문가들은 e스포츠를 비롯해 체스, 바둑에 이르기까지 '신체 활동을 하지 않는 종목은 스포츠가 아니다'라는 의식이 강했다. 하지만 이러한 생각은 점차 바뀌고 있다. 국제올림픽위원회가 체스를 스포츠로 인정하게 된 것도 이와 같은 맥락이다. 따라서 스포츠의 의미를 정신 활동까지 확장한다면, 바둑은 스포츠의 범주에 속하기에 충분한 활동이라고 할 수 있다.

스포츠는 선수와 관중 모두에게 유희적 즐거움을 제공한다. 신체 활동의 놀이적, 유희적 요소는 사람들이 스포츠에 계속 관심을 갖게 만들어 준다. 바둑은 개인 간의 경기라도 내용이 매번 다르고 결과가 불확실하다. 이를 통해 스포츠 고유의 박진감을 일으키고 대중의 호기심을 자극할 수 있다. 미리 승패를 알 수 없기 때문에 대중의 호기심을 자극시키기에 충분한 매력을 지니고 있다.

스포츠도 두뇌 싸움이다

운동은 두뇌와 별개로 생각할 수 없다. 운동을 단순한 신체 활동이라고만 생각하면 큰 착각이다.

운동을 하면 지식을 배우고 익히는 학습력이 높아진다. 좋은 머리는 타고난다고 생각하는 사람이 많지만 사실 생활 습관만 바꾸어도 머리가 좋아질 수 있다. 세계 최고 권위의 과학 전문지 〈뉴 사이언티스트〉의 연구에 따르면 똑똑한 두뇌는 운동, 음식, 수면 같은 생활 습관에서 나온다. 특히 운동은 두뇌 발달에 도움을 준다. 일주일에 세 번, 30분씩만 운동해도 학습력과 집중력이 15퍼센트나 좋아진다고 한다. 운동을 할 때 생기는 두뇌신경 촉진인자라는 물질이 기억력과 집중력을 높여 주기 때문이다.

스포츠 경기를 하는 운동선수들을 보면 외부 상황을 잘 분석하고 거기에 맞는 정확한 행동을 한다. 상황 판단 능력이 탁월하다는 것은 오감을 이용한 정보 처리 능력이 뛰어나다는 것이다. 이것이 곧 운동신경이다. 운동을 할 때는 뇌 전체를 사용해야 한다. 올림픽의 표어인 '더 빨리, 더 높이, 더 힘차게Citius, Aitius, Fortius'는 뇌 기능의 신속함과 정확성을 뜻한다. 또한 승패를 통해 오르락내리락하는 감정까지 포함한다.

이렇게 스포츠의 의미를 확장한다면 두뇌 활동인 바둑도 스포츠의 영역에 포함할 수 있을 것이다.

e스포츠는 올림픽의 정식 종목이 될까?

2018년 자카르타·팔렘방 아시안게임은 전 세계 e스포츠 시장에 기념비적인 대회였다. 아시아올림픽평의회OCA가 e스포츠를 시범종목으로 채택했기 때문이다. 리그 오브 레전드LOL, 프로 에볼루션 사커 2018PES 2018, 아레나 오브 발러펜타스톰, 스타크래프트2, 하스스톤, 클래시 로얄에 이르는 총 6개의 게임이 세부 종목으로 지정되어 세간의 주목을 끌었다. 많은 e스포츠 팬이 이 소식에 기뻐했다. 또한 e스포츠가 국제적인 스포츠 대회에 시범종목으로나마 채택된 것이 e스포츠가 그저 컴퓨터게임일뿐 젊은 세대들의 소수 문화라고 간주하던 기존의 시선을 바꾸는 중대한 전환점으로 작용하기를 기대했을 것이다.

아시안게임이 끝나자 e스포츠 관계자들과 팬들의 시선은 2020

년 올림픽을 향하기 시작했다. e스포츠는 아시안게임을 넘어 올림픽 무대에도 오를 수 있을까?

e스포츠의 폭발적인 성장

e스포츠 시장은 게임 산업의 성장과 함께 매우 커졌다. 세계 게임 시장의 연평균 성장률은 11퍼센트에 이르며, 2021년 매출액은 총 1800억 달러까지 성장할 것으로 예상되고 있다. 이에 따라 세계 e스포츠 시장도 2021년까지 연평균 성장률이 27퍼센트에 이를 전망이다. 스포츠 시장의 성장률이 3퍼센트임을 생각하면 폭발적인 성장세다. 또한 2018년 기준 대부분의 스포츠 산업 결과 보고서에서는 e스포츠 산업이 전 세계 3억 명 이상의 팬을 거느려 세계 10위권에 들어가는 거대 스포츠 시장으로 성장했다고 밝히고 있다.

이 같은 변화의 중심에 중국이 있다. 중국의 e스포츠 열기는 그야말로 엄청나다. 선수의 수와 실력이 늘어나 대한민국의 프로게임단들을 위협하는 존재로 성장하고 있다. 실제로 큰 규모의 국제 대회인 리그 오브 레전드 월드 챔피언십롤드컵에서 2013~2017년까지는 5년 연속으로 대한민국 프로게임단이 우승했지만 최근 2년은 중국 프로게임단이 우승했다. 거대 IT 기업들의 게임 산업을 향한 공격적인 투자도 이어지고 있다. 중국 최대의 전자 상거래 기업인 알리바바는 자회사 알리스포츠를 세워 e스포츠의

e스포츠 시장은 전 세계 3억 명 이상의 팬을 거느릴 만큼 폭발적으로 성장했다.

올림픽 정식 종목화를 추진하고 있다. 알리스포츠는 아시아올림픽평의회와 파트너쉽을 체결하며 2018년 아시안게임에 e스포츠를 포함시키는 데 결정적인 영향을 미친 것으로 알려지고 있다.

미디어 채널이 다양해지고 콘텐츠가 넘쳐나는 시대다. TV 말고도 PC, 태블릿, 스마트폰 등 다양한 매체를 통한 미디어 소비가 증가하면서 올림픽, 아시안게임 등 국제 스포츠 대회를 시청하는 10대와 20대들의 비율이 기성세대에 비해 점차 감소하고 있는 것으로 밝혀졌다. 또한 인터넷 환경에 익숙한 10대와 20대들은 유튜브를 중심으로 한 동영상 시청 환경과 트위치Twitch를 중심으로 한 콘텐츠 스트리밍 환경에 익숙해지고 있어 미디어 시청 환경의 변화는 가속화될 것으로 전망되고 있다. 실제로 올림픽과 같은 메가 스포츠 이벤트는 중계권으로 얻는 수입이 전체 수익의 60퍼센트 이상이다. 따라서 시청률 하락에 따르는 중계권 수입 감소는 국제올림픽위원회에 가장 큰 위협으로 작용할 수 있다.

e스포츠는 올림픽 정신에 어긋날까?

e스포츠에 대한 본격적인 논의가 이루어지면서 올림픽 종목 채택에 대한 긍정적인 전망이 이어졌다. 그러나 토마스 바흐 국제올림픽위원회 위원장의 언론 인터뷰는 이러한 장밋빛 기대에 찬물을 끼었었다. 그는 e스포츠가 올림픽 종목이 되는 일은 없을 것

이라고 못을 박았다. 그 이유는 e스포츠가 게임 내에서 살인을 저지르는 등 폭력성이 높고 차별을 조장하는 특징이 있어 올림픽 정신에 위배된다는 것이다. 국제올림픽위원회는 세계의 평화와 발전에 기여하는 것을 올림픽 정신의 핵심으로 꼽고 있다. 이러한 관점에서 폭력성이 높은 게임을 하는 e스포츠는 국제올림픽위원회가 정의하고 있는 올림픽 정신에 어긋난다는 것이다.

그런데 올림픽에는 복싱이나 태권도 같은 격투 스포츠가 있다. 게다가 바흐 위원장은 전직 펜싱 선수로 1976년 몬트리올올림픽에서 금메달을 땄다. 칼로 상대를 겨누어 쓰러뜨리는 스포츠를 해온 사람이 e스포츠를 두고 '폭력과 차별을 조장한다'고 말할 수 있을까? 이에 토마스 바흐는 "모든 전투적인 스포츠는 인간 사이의 싸움과 전쟁에서 기원했지만 스포츠는 이를 질서 있고 평화롭게 표현하고 있다"라고 반박했다. 그러면서 "e스포츠의 게임에서는 직접 누군가를 죽이기 때문에 이는 올림픽의 가치에 부합하지 않는다"라고 밝혔다.

하지만 어쩌면 이는 e스포츠를 부정적으로 바라보는 편견 중 하나일 뿐이다. 이런 논리라면 폭력성이 낮은 게임은 다른 기준이 적용되어야 할 것이다.

어쩌면 국제올림픽위원회가 스포츠에 대해 가지고 있는 전통적인 관점, 즉 스포츠가 '인간의 신체 활동으로 펼치는 공정한 경쟁'이라는 기준에 e스포츠가 위배되는 것이 더 큰 이유일 수 있

e스포츠는 올림픽 정식 종목으로 채택될 수 있을까?

다. 바둑도 마찬가지다. 바둑을 스포츠로 인정하는 경향이 최근 생겨났음에도 유독 올림픽 정식 종목에 대한 논의가 지지부진한 것은 국제올림픽위원회의 보수적인 기준 때문이라 할 수 있다.

e스포츠가 대세라지만

e스포츠에 해당하는 게임은 개발사나 배급사가 상업적 목적으로 만든 사유재 성격이 강해서 어떤 게임을 공공성을 갖춘 종목으로 인정할지도 고민해 봐야 한다. 또한 기존 스포츠 종목들과는 달리 e스포츠의 게임들이 금방 인기를 잃거나 사라질 수도 있어 주기적으로 종목 교체가 필요하다는 것도 태생적인 문제점으로 꼽히고 있다. e스포츠의 인기를 세계적으로 이끌었다고 평가받는 게임인 스타크래프트1은 1997년 출시 이후 약 20년 만에 개발사인 블리자드의 일방적인 결정에 따라 쇠퇴의 길로 접어들었다. 따라서 수많은 게임 중 공식적인 대회의 세부 종목으로 선정하기 위한 객관적인 기준이 부재하다는 것이 치명적인 문제점으로 지적되고 있다.

환경에 대한 문제도 빼놓을 수 없다. e스포츠를 즐기는 인구가 늘어나고 있기는 하지만 전 세계를 놓고 보자면 일부 지역에서만 활성화되어 있는 수준이다. 네트워크 인프라가 갖춰져 있으면서 게임용 PC를 갖추고 있어야 하는 등 환경 구성에 적지 않은 제약이 있는 e스포츠는 일정 소득 이상의 환경이 갖춰지지 않은 국가에서는 즐기기 어렵다. 올림픽에서는 야구조차 부족한 저변을 이유로 정식 종목에서 퇴출되었다. 여기에 e스포츠를 즐기는 성별이 대부분 남성이며, 연령대도 현 시점에서는 10대에서 30대 정도로 제한되어 있다는 것도 e스포츠의 인프라가 전통 스포츠에 비해 부족하다고 여겨지게 만드는 이유다.

협회의 행정력도 e스포츠의 올림픽 진출에 걸림돌이 될 수 있다. 올림픽 무대에 새로운 종목이 생기거나 퇴출 위기에 몰렸을 때 힘을 발휘하는 것이 해당 종목의 사무국과 협회다. 레슬링 퇴출을 막아 낸 것도 이런 사무국과 협회가 거둔 성과다. 그런데 2018년 아시안게임을 앞두고 어처구니없는 일이 있었다. 한국e스포츠협회가 대한체육회에서 정식 가입 단체로 인정받지 못해 선수들의 출전이 무산되는 것이 아니냐는 우려가 있었다. 그러다가 대전e스포츠협회가 대전체육회로부터 가입 승인을 받으면서 아시안게임 출전을 위한 최소 요건을 겨우 충족할 수 있었다. 협회가 제 기능을 발휘하지 못하면서 국민적 관심을 받는 종목의 출전 자체가 무산될 뻔한 일이 발생한 것이다.

올림픽 정식 종목으로 채택되기 위한 노력

e스포츠를 올림픽 정식 종목으로 채택하기 위한 논의는 계속 이루어지고 있는 상황이다. 2019년 12월 스위스 로잔에서 열린 제8차 국제올림픽위원회 올림픽 정상회담에서는 e스포츠의 올림

픽 종목 채택이 공식 안건으로 등장했다. 이 회의에서 국제올림 픽위원회는 가상현실VR과 증강현실AR 기술 덕분에 많은 스포츠 게임이 신체적 활동까지 동반한 더욱 역동적인 형태로 변하고 있으며 기존 스포츠와 접목하는 데도 큰 잠재력이 보인다고 평 가했다.

올림픽 공식 파트너사인 전자부품 회사 인텔은 지난 2018년 평창동계올림픽 기간에 '인텔 익스트림 마스터즈'라는 게임 대 회를 개최하며 e스포츠의 가능성을 국제올림픽위원회에 보여 줬다. 또한 '인텔 월드 오픈'이라는 대회도 국가대표가 출전하는 올림픽과 비슷한 형태의 대회로 도쿄에서 개최되었다. 이처럼 e 스포츠에 대한 대중적 관심을 높이고 인식을 전환하기 위한 노 력은 계속되고 있다.

도쿄올림픽은 왜 1년 연기되었을까?

전 세계가 코로나19 공포에 휩싸인 2020년 3월 24일 아베 신조 일본 총리와 토마스 바흐 국제올림픽위원회 위원장이 제32회 도쿄올림픽을 1년 연기하기로 합의했다. 올림픽이 연기된 것이다. 2020년 7월 24일 개막 예정이었던 도쿄올림픽은 2021년 7월 23일로 늦춰졌다. 전쟁으로 올림픽이 연기된 적은 있지만 감염병으로 인한 올림픽 연기는 124년 올림픽 역사상 처음이었다.

도쿄올림픽이 연기된 과정은 한 편의 드라마와 같았다. 아베 총리와 바흐 위원장은 올림픽 연기에 합의하기 5일 전까지도 도쿄올림픽을 예정대로 개최하겠다는 강한 의지를 굽히지 않았다. 국제올림픽위원회는 3월 17일부터 19일까지 국제경기연맹 대표, 선수 대표, 국가별 올림픽위원회 위원장들과 차례대로 긴급 화상

일본 도쿄에 있는 올림픽경기장. 코로나19가 전 세계적으로 유행하면서 2020년 7월에 개최할 예정이었던 도쿄올림픽은 1년 연기되었다.

회의를 열었다. 이때만 해도 국제올림픽위원회는 "세계보건기구 WHO와 긴밀히 협조해 상황을 지켜보며 올림픽을 예정대로 개최하겠다"라는 입장을 밝혔다. 긴급 화상회의 종료 후 5일 동안 무슨 일이 벌어졌던 것일까? 국제올림픽위원회와 일본 정부는 왜 갑작스럽게 돌변했을까? 이 사건들은 누가 국제올림픽위원회를 움직이는지, 올림픽이 무엇으로 작동되는지를 여실히 보여 준다. 올림픽은 눈에 보이는 대로 보면 스포츠 행사지만 단순한 스포츠가 아닌 정치이자 경제다.

올림픽을 예정대로 개최한다고?

코로나19가 전 세계에 확산되고 있는데도 국제올림픽위원회가 올림픽을 예정대로 개최하겠다는 입장을 바꾸지 않자 세계 각국에서 불만이 터져 나왔다. 캐나다가 제일 먼저 올림픽 불참을 선언했다. 캐나다 올림픽위원회와 패럴림픽위원회가 "코로나19 사태가 진정되기 전까진 도쿄올림픽에 선수단을 보내지 않겠다"라고 선언하자 뉴질랜드와 호주가 불참 행렬에 합류했다. 브라질, 노르웨이, 슬로베니아 등은 국제올림픽위원회에 올림픽 연기를 요청했고 미국수영연맹, 미국육상협회, 영국육상연맹도 올림픽을 미뤄야 한다고 주장했다.

아베 총리는 예정대로 올림픽을 개최하겠다고 했지만 2020년 3월 즈음 도쿄올림픽은 이미 엄청난 타격을 입기 시작했다. 고대

올림픽의 발상지인 그리스 올림피아에서 열린 성화 채화식에서도, 올림픽 성화가 일본에 도착할 때도 관중이 전혀 없었기 때문이다. 심지어 성화 봉송의 첫 번째 주자였던 일본의 여자축구 선수 가와스미 나호미는 자신의 SNS를 통해 "코로나19 감염 위험이 높아 성화 봉송 주자에서 사퇴한다"고 선언했다. 8만여 명에 이르는 자원봉사자 교육과 올림픽에 앞서 열리는 테스트 이벤트도 모두 연기됐다. 도쿄올림픽이 서서히 무너지고 있다는 신호가 곳곳에서 나오기 시작한 것이다. 이대로라면 도쿄올림픽은 축하받지 못하는 반쪽 올림픽이 되리라는 것이 너무나 분명해 보였다. 아베 총리도 결국 한계 상황에 내몰리며 올림픽 정상 개최를 포기할 수밖에 없었던 것이다.

그렇다면 궁금해진다. 국제올림픽위원회와 일본 정부는 왜 끝까지 올림픽 정상 개최를 고집했을까? 왜 좀 더 일찍 올림픽 연기를 결정하는 지혜를 보여 주지 못했을까? 답은 간단하다. 올림픽을 연기하면 잃을 것이 너무나 많기 때문이다. 바꿔 말하면 올림픽을 근사하게 개최하면 얻을 수 있는 것이 많다는 뜻이기도 하다. 그래서 국제올림픽위원회와 일본 정부는 할 수 있는 한 끝까지 올림픽을 개최하겠다고 버틴 것이다. 그럼 올림픽을 통해서 무엇을 얻을 수 있을까? 또한 올림픽을 연기하면 잃게 되는 것은 대체 무엇일까?

일본의 다이이치생명 경제연구소는 도쿄올림픽을 연기하면서 생기는 경제적 손실이 총 3조 2천억 엔³⁶조 원이라고 분석했다. 36조 원? 너무 엄청난 액수라서 감이 잡히지 않는다. 어느 정도 규모의 돈일까? 2020년 한국 정부의 예산이 512조 원이니까 36조 원은 이 1년 예산의 7퍼센트에 해당하는 엄청난 액수다. 대한민국 국민 모두가 한 달 정도 먹고살 수 있는 돈이라고 생각하면 간단하다. 이해가 간다. 아베 총리가 왜 올림픽 연기를 끝까지 하지 않으려 했는지 충분히 짐작할 수 있다. 올림픽 연기는 무려 36조 원의 손해를 무릅쓴 결정이었던 것이다.

일본은 이미 도쿄올림픽을 위해 3조 엔³⁴조 7천억 원을 투자했다. 3조 엔을 쏟아 붓고 난 뒤에 또다시 3조 2천억 엔의 손실을 감수해야 되는 것이다. 일본뿐만 아니라 국제올림픽위원회도 경제적 피해를 피할 수 없다. 바흐 국제올림픽위원회 위원장은 독일 일간지 〈디벨트〉와의 인터뷰에서 "도쿄올림픽 1년 연기로 국제올림픽위원회가 수억 달러수천억 원의 추가비용 부담에 직면했다"라고 말했다. 쉽게 짐작할 수 있다. 국제올림픽위원회와 일본 정부가 올림픽 연기 결정을 내리기 직전까지 무엇을 고민하고 있었는지. 국제올림픽위원회와 일본 정부는 경제적 피해를 최소화할 방안을 찾기 위해 끝까지 노력했을 것이다. 하지만 더 이상 미룰 수 없는 극한 상황에 이르자 어쩔 수 없이 올림픽 연기를 선택했다는 것을 충분히 짐작할 수 있다.

한 가지가 더 궁금하다. 올림픽이 대체 무엇이기에 이토록 많은 돈을 쓰는 것일까? 올림픽은 보통 보름 정도 열린다. 2주일 남짓한 올림픽을 위해 3조 엔을 투자한다는 것은 너무 바보 같은 일이 아닐까? 그리고 국제올림픽위원회는 무엇으로 수입을 얻는 것일까? 국제올림픽위원회는 사업을 하는 기업이 아니라 올림픽을 주관하는 스포츠 단체인데, 어떻게 수익을 내고 단체를 유지할 수 있는 것일까?

올림픽은 지구촌 최대 사업

국제올림픽위원회만이 올림픽을 개최해야 한다는 법은 없지만, 누군가 비슷한 단체를 만들어 올림픽과 경쟁할 수 있는 국제 대회를 개최하는 것은 굉장히 어려운 일이다. 전 세계에서 최고의 선수들을 불러 모으는 일부터가 쉽지 않다. 올림픽은 국제올림픽위원회의 독점 상품이라 할 수 있다. 올림픽은 직접 관전하는 사람들도 있지만 이는 소수일 뿐이다. 대부분의 지구촌 사람들은 올림픽을 TV로 지켜본다. 따라서 올림픽은 전 세계가 즐기는 영화 또는 드라마라고도 할 수 있다.

그렇다면 이렇게 이해할 수 있다. 올림픽은 국세올림픽위원회라는 다국적 기업이 2년마다 한 번씩 전 세계에 판매하는 최고의 엔터테인먼트 상품인 셈이다. 올림픽이 하나의 상품이라면 그가격은 얼마나 될까? 도쿄올림픽은 57억 달러다. 우리 돈으로 무려 7조 원에 이르는 엔터테인먼트 상품인 것이다. 국제올림픽위원회가 도쿄올림픽으로 벌어들이는 총수입이 57억 달러기 때문이다.

그렇다면 국제올림픽위원회는 어떻게 돈을 버는 것일까? 올림픽을 통해 수익을 내는 방법은 크게 다섯 가지다. 중계권, 스폰서십, 입장권, 라이센싱, 로컬 스폰서십이다. 중계권은 가장 큰 수입원이다. 도쿄올림픽에서 국제올림픽위원회가 벌어들이는 총수입의 70퍼센트가 중계권 판매에서 나온다. 전 세계 방송사들이 올림픽을 중계하려면 국제올림픽위원회에게 돈을 내고 허락을 받아야 중계할 수 있다.

스폰서십은 올림픽 공식 후원사를 의미한다. 올림픽 공식 후원사는 올림픽을 통해 회사와 제품을 홍보할 수 있는 권리를 갖게 된다. 전 세계를 상대로 마케팅을 할 수 있는 최상위 등급의 후원사를 월드와이드 파트너라고 하는데, 국제올림픽위원회는 무알콜 음료, 계측 장비, 무선통신 장비, 카드결제 시스템 등 14개 분야에서 월드와이드 파트너를 선정한다. 14개 월드와이드 파트너 기업은 도쿄올림픽 후원에만 5억 달러를 지출했다.

입장권은 말 그대로 입장권을 판매해 얻는 수입이고, 라이센싱은 올림픽 로고를 사용할 수 있는 권리다. 기업은 국제올림픽위원회에 돈을 주고 자사의 제품에 올림픽 로고를 새겨 넣음으로

써 홍보 효과를 누릴 수 있다. 월드와이드 파트너는 로고뿐 아니라 올림픽을 이용한 다양한 이벤트까지 개최할 수 있지만 라이센싱만 구입한 기업은 오직 올림픽 로고만 사용할 수 있다. 로컬 스폰서십은 올림픽조직위원회가 개최국가 내에서 별도로 후원 기업을 모집하는 것을 뜻한다.

그럼 개최국인 일본은 어떤 이득이 있을까? 개최국은 올림픽 개최를 위해 워낙 많은 돈을 투자하기 때문에 수익을 내기가 쉽지 않다. 올림픽 역사상 흑자올림픽은 1984년 로스앤젤레스 올림픽뿐이다. 나머지 올림픽은 모든 개최국이 적자를 보았다. 그러나 올림픽에서의 적자와 흑자는 가계부 쓰듯 수입과 지출로만 계산하기 어렵다는 특징을 갖고 있다. 예를 들면 2018년 평창동계올림픽에는 모두 15조 원이 투입됐다. 경기장은 물론 인천공항에서 강릉까지 이어지는 KTX 철도와 제2영동고속도로도 건설했다. 예산 15조 원 중 11조 원이 교통, 통신 등 사회간접자본을 확충하는 데 쓰여졌다. 교통, 통신의 확보가 경제 활성화에 도움이 되는 것은 두말할 나위가 없다. 또한 평창동계올림픽은 북한이 참가함으로써 평화의 상징이 되었고 이는 전 세계의 이목을 집중시켰다. 평창과 강원도를 전 세계에 알리는 홍보 효과, 한국에 대한 긍정적인 이미지 창출은 돈으로 환산할 수 없는 소득이라 할 수 있다.

일본도 마찬가지다. 정부가 당장은 적자를 보더라도 도쿄올림픽을 위해 철도와 도로를 개설해 경제를 활성화하기 위해 올림 픽을 개최하는 것이다.

스포츠의 동일시 효과란

올림픽에서 우리나라 선수들이 시상대에서 금메달을 목에 걸고 태극기를 바라볼 때 한국인이라면 뿌듯한 느낌을 받게 된다. 손흥민이 유럽 챔피언스리그에서 넣는 골이나 류현진의 연속 삼진을 볼 때도 마찬가지다. 올림픽과 같은 국가 대항전에서 한국 선수가 승리하고 태극기가 게양되는 장면은 감동을 주기 마련이다. 이런 감동은 대개 '우리 모두는 대한민국 국민'이라는 동질감을 낳는다. 더 나아가 우리나라 선수가 금메달을 많이 따면 따낼수록 우리나라가 잘 되고 발전하고 있다는 심리적 상승 효과로 이어진다. 국가대표 선수와 내가 하나가 된 것 같은 동질감, 올림픽에서 펄럭이는 태극기를 보며 느끼는 민족적 일체감 등을 스포츠에서는 '동일시 효과'라 한다.

그래서 올림픽에서 좋은 성적을 거두면 대통령과 정부에 대한 지지도가 올라간다. 올림픽을 근사하고 화려하게 개최하면 개최국 국민은 자부심을 느끼기 마련이고 이는 정치 지도자에 대한 지지로 이어진다. 이것을 올림픽의 정치적 효과라 할 수 있는데, 때때로 정치인은 이와 같은 효과를 누리기 위해 올림픽을 개최하기도 한다.

영국 프리미어리그에서 활약하는 축구 선수 손흥민. 선수와 내가 하나가 된 것 같은 동질감, 올림픽에서 펄럭이는 태극기를 보며 느끼는 민족적 일체감 등을 동일시 효과라한다.

아베 총리는 도쿄올림픽을 '일본의 부흥'이라고 강조한다. 그래서 도쿄올림픽의 성화를 '부흥의 불꽃'이라고 했다. 어떤 의미일까? 일본은 2011년 대지진을 겪으며 경제가 휘청거렸고 방사능 공포에 지속적으로 시달려 왔다. 아베 총리는 이와 같은 악재를 떨쳐 버리고 '일본이 다시 일어섰다'는 강력한 메시지를 전 세계에 전달해 일본 국민의 호응을 얻고자 하는 것이다. 바꿔 말하면 올림픽을 통해 자신의 정치적 입지를 강화하겠다는 것이다. 도쿄올림픽이 연기되지 않고 성공적으로 개최됐다면 아마도 아베 총리는 자신이 원하는 정치적 목적을 달성했을 것이다. 이처럼 올림픽은 스포츠이기도 하지만 다양한 이해관계를 가진 정치적, 경제적 셈법 속에서 치러지고 있는 것이다.

올림픽 정신의 구현, 패럴림픽

올림픽의 기본 원칙은 인종, 피부색, 성별, 언어, 종교, 정치적 성향에 따른 차별이 없어야 한다는 점이다. 이와 같은 올림픽의 평등 정신을 구현하는 데 있어 장애인이 출전하는 올림픽인 패럴림픽은 남다른 의미를 가지고 있다. 단순히 장애인에 대한 사회적 배려가 절실하다는 점을 국제적으로 호소하는 것에 그치지 않는다. 장애인도 일반인과 마찬가지로 스포츠를 할 수 있는 권리를 가지고 있다. 패럴림픽은 장애인 선수가 연마한 기량을 국제 무대에서 발휘할 기회를 준다는 점에서 의미가 크다.

하지만 여전히 패럴림픽에 출전하는 선수들과 올림픽에 출전하는 선수들에 대한 차별이 존재한다. 완벽한 올림픽 평등 정신의 구현을 위해서는 필요한 부분이 적지 않게 남아 있다.

1960년 하계올림픽이 펼쳐진 이탈리아 로마에서 처음으로 패럴림픽이 개최됐다. 이후 1988년 서울올림픽부터는 올림픽과 같은 경기장에서 하계패럴림픽이 연이어 개최되었다. 그러면서 올림픽과 패럴림픽이 마치 하나로 묶인 스포츠 이벤트처럼 인식되기 시작했다.

현재 하계패럴림픽의 종목은 육상, 사이클, 농구 등 22개로 한국이 종주국인 태권도도 정식 종목으로 포함되어 있다.

한편 동계패럴림픽은 1976년 스웨덴에서 처음 펼쳐졌으며 1992년 알베르빌 동계올림픽부터는 기존 동계올림픽 경기가 펼쳐진 바로 그 경기장에서 펼쳐지게 되었다. 또한 동계올림픽처럼 알파인 스키, 아이스 슬레지 하키, 바이애슬론, 크로스 컨트리 스키, 컬링과 스노우보드 등이 정식 종목에 포함되어 있다.

지난 2018년 평창 동계패럴림픽에서는 봅슬레이, 루지, 스켈레톤 등 썰매 종목들이 있었지만 2022년 베이징 동계패럴림픽에서는 국제패럴림픽위원회IPC의 기준을 충족시키지 못해 제외되었다.

사실 패럴림픽보다 더 먼저 생긴 장애인 스포츠 대회가 있다. 바로 스토크맨더빌 대회다. 제2차 세계대전 무렵 유대인 탄압이 격

2016년 리우데자네이루 패럴림픽에서 터키와 미국 국가대표팀 선수들이 농구 경기를 펼치고 있다.

렬하게 일어났던 독일을 떠나 영국에 귀화한 루드비히 구트만 박사는 전쟁에서 다친 군인들을 대상으로 척추 부상 환자를 치료하는 스토크맨더빌 병원을 개원했다. 이곳에서 구트만 박사는 환자들이 건강한 생활을 할 수 있도록 신체 활동 프로그램을 만들기 시작했다.

구트만 박사가 신체 활동 프로그램을 만든 이유는 척추 부상 환자들이 병원 침대에만 누워 있을 경우 감염의 위험이 높아진다는 점 때문이었다. 구트만 박사는 이 환자들이 2시간마다 침대에서 일어나 신체 활동을 하도록 권고했다.

또한 구트만 박사는 휠체어를 타고 있는 장애인의 심리적인 안정감과 사회 적응을 위해 경쟁적인 스포츠 활동도 함께 장려했다. 장애인을 위한 스포츠 재활 프로그램 개발에 박차를 가하던 구트만 박사는 1948년 자신이 세운 병원의 이름을 붙인 스토크맨더빌 대회를 개최했다. 이 대회에는 휠체어를 타고 있던 16명의 영국 군인과 여성들이 출전했다. 1952년에는 영국뿐 아니라 휠체어에 의지해야 했던 네덜란드 군인들도 참가해 국제 대회로 발돋움했으며 그 뒤로 더욱 널리 알려지게 되면서 패럴림픽으로 발전할 수 있었다.

패럴림픽이라는 명칭도 스토크맨더빌 병원이 척추 환자를 치료하는 병원이었다는 점에서 비롯했다. 패럴림픽은 하반신 마비라는 의미의 패러플레직Paraplegic과 올림픽을 합성한 조어다.

패럴림픽이 낳은 최고의 인간 승리 드라마

아프리카의 이디오피아가 배출한 마라톤 영웅 아베베 비킬라는 1960년과 1964년 올림픽 마라톤에서 2연패를 거둔 주인공이다. 특히 1960년 로마올림픽에서 42.195킬로미터 마라톤 코스를 맨발로 뛰며 금메달을 차지해 전 세계적으로 화제가 됐다.

하지만 아베베를 올림픽 2연패를 기록한 마라톤 영웅으로만 기억해서는 안 된다. 진정한 스포츠인으로서 그의 진가는 불의의 사고 이후에 더욱 빛났다. 그는 1969년 마라톤 연습을 마치고 황제가 그에게 선물로 준 폴크스바겐 자동차를 타고 귀가하던 중 교통 사고를 당해 하반신 마비라는 비극적 상황에 내몰렸다. 영국 런던의 스토크맨더빌 병원까지 찾아가 8개월 동안 다리를 치료했지만 다시 걸을 수는 없었다. 다만 두 팔을 자유롭게 쓸 수 있는 단계까지 몸 상태가 호전되었다.

아베베는 스포츠에 대한 희망을 버리지 않았다. 그는 "내 다리는 더 이상 쓸 수 없게 됐지만 여전히 나에게는 두 팔이 있다"라는 메시지를 던지며 장애인 경기대회에 도전장을 던졌다. 아베베는 1970년 스토크맨더빌 대회에서 양궁과 탁구 종목에 출전해 좋은 성적을 기록하며 장애인들에게 '인간 승리 드라마'를 보여줬다.

남아프리카공화국의 장애인 육상 선수인 오스카 피스토리우스도 패럴림픽 하면 떠오르는 대표적인 인물이다. 그는 패럴림픽을 시작으로 일반인 선수들이 출전하는 세계육상선수권대회까지 참가했다.

선천적으로 종아리뼈가 없이 태어난 피스토리우스는 탄소섬유 재질로 된 보철 의족을 착용하고 학창 시절부터 여러 가지 스포츠를 즐겼다. 피스토리우스는 이후 육상에 전념하면서 패럴림픽 육상 단거리를 석권하기 시작했다. 그는 2008년 베이징에서 열린 패럴림픽에서 100미터, 200미터, 400미터에서 모두 금메달에 획득하는 기염을 토하며 국제적인 관심을 모았다.

하지만 피스토리우스의 진짜 목표는 패럴림픽이 아닌 올림픽이었다. 실제로 피스토리우스는 남아프리카공화국 대표로 2008년 베이징 올림픽 400미터 계주 경기에 출전하려고 신청했지만 국제육상연맹이 다른 선수와의 충돌 등 안전 문제를 이유로 사실상 거부 의사를 밝히면서 올림픽 출전이 좌절되었다.

이에 굴하지 않고 피스토리우스는 2011년 대구에서 펼쳐진 세계 육상선수권대회에 남아프리카공화국 400미터 계주팀의 일원으로 참가해 논란을 일으켰다. 가장 논란이 되었던 점은 형평성 문제였다. 피스토리우스가 첨단 소재인 탄소섬유로 만들어진 보철 의족을 사용해야 하기 때문에 다른 선수들과 동등한 조건으로 경기를 할 수 없다는 것이었다.

하지만 선천전 장애를 겪어 다리를 절단해야 했던 피스토리우스에게 보철 의족을 사용하면 안 된다는 주장을 할 수는 없는 상황이었다. 결국 세계육상선수권대회에 출전한 피스토리우스는 남아프리카공화국의 선수들과 함께 2위를 차지해 또 한 번 화제를 모았다.

그러나 피스토리우스는 2013년 자신의 여자 친구를 살해했다는 혐의를 받았다. 피스토리우스는 여자 친구를 몰래 자신의 집에 침입한 도둑인줄 알고 총을 쐈다고 자신을 변호했지만 2017년 13년 형을 선고받았다. 패럴림픽의 상징적 존재였던 피스토리우스가 범죄자로 낙인 찍히는 순간이었다.

패럴림픽은 평등을 구현하고 있을까?

패럴림픽은 올림픽 평등 정신을 구현하는 중요한 대회이지만 아직까지 평등이라는 가치를 완벽하게 실현하지는 못하고 있다. 여기에는 상업적인 문제가 깊게 개입돼 있다.

가장 논란이 되는 문제는 올림픽에 출전하는 비장애인 선수들과 패럴림픽에 출전하는 장애인 선수들에 대한 보상이 다르다는 점이었다. 이 문제는 미국에서 2003년에 소송으로까지 불거졌다. 패럴림픽에 출전했던 장애인 선수들은 미국올림픽위원회가 자신들을 차별적으로 대우하고 있다고 고소장을 냈다. 패럴림픽에서 획득한 금메달에 대한 보상을 올림픽 금메달처럼 해주지 않는다는 게 핵심적인 문제였다.

미국올림픽위원회는 올림픽 경기의 TV 광고 효과에 비해 패럴림픽 경기의 광고 효과가 현저히 떨어지는 상황에서 올림픽 금메달 수당과 패럴림픽 금메달 수당을 똑같이 해주는 것은 어렵다는 입장을 밝혔다. 하급법원에서는 미국올림픽위원회의 손을 들어 줬다. 하급법원 소송에서 패소한 장애인 선수들은 미국 연방대법원에 항소했지만 대법원도 이를 기각했다. 흥미로운 대목은 이 재판이 펼쳐지는 동안 미국올림픽위원회는 여론을 의식해 패럴림픽에 출전하는 장애인 선수들에 대한 재정적 혜택을 대폭 늘렸다는 점이었다.

국제올림픽위원회는 올림픽이 펼쳐지는 경기장에서 기업이 광고를 하는 것을 철저하게 금지했지만 패럴림픽만큼은 예외적 조치를 취하고 있다. 2012년 패럴림픽 대회에서는 경기장은 물론 선수들의 유니폼에도 기업의 광고가 부착될 수 있도록 허용했다. 그 이유는 패럴림픽에 출전하는 선수들에 대한 안정적인 경제적 보상을 위해서는 패럴림픽의 상업적 가치를 높여야 한다는 것이었다.

여기에다 각국에서는 주요 방송사가 패럴림픽의 중계 시간을 늘리기 위해 지속적으로 노력을 기울이고 있다. 패럴림픽 중계를 더 오랜 시간에 걸쳐 해준다면 광고 효과도 상승하게 된다. 이렇게 되면 방송사가 패럴림픽을 중계할 수 있는 권리중계권의 가격이 높아져 결국 패럴림픽에 출전하는 선수들의 처우 개선에 도움이 될 가능성이 높아진다.

진로 찾기 **스포츠 마케터**

경제가 발전하면 사람들은 문화와 예술, 스포츠를 찾는다. 일을 해서 돈을 벌고, 돈을 벌어서 입고 쓰는 것이 충족되면 의식주 이외의 즐거움, 정신적 만족 등을 향유하고 싶어 한다. 또한 단순히 건강을 관리하는 것만이 아니라 신체를 더욱 아름답고 보기 좋게 가꾸는 일에도 관심을 갖게 된다. 신체 활동을 통한 새로운 즐거움에 몰두하기도 한다. 이것을 경제학적인 관점으로 보면 스포츠에 대한 수요가 창출되고 있다고 바꿔 말할 수 있다. 그래서 사람들의 욕구에 맞춰 스포츠와 관련된 상품을 만들거나 판매하는 일은 과거에 비해 더욱 전망 있는 사업이 되었다. 이것이 바로 스포츠 마케팅이라 할 수 있다.

스포츠 마케터는 많은 사람이 즐길 수 있는 스포츠 상품으로 개발하고 판매, 홍보하는 일을 한다. 스포츠 팬들이 환호할 만한 다양한 대회나 이벤트를 기획하는 일, 프로 선수를 고객으로 삼아 높은 가치를 지닌 하나의 브랜드로 성장시키는 일 모두 스포츠 마케팅의 영역이다.

활동하는 공간도 다양하다. 스포츠 마케팅 기업뿐만 아니라 스포츠 용품 회사, 기업 내 스포츠 마케팅팀, 프로 스포츠팀이나 협회에 소속되어 일할 수도 있다.

실내 골프, 야구, 테니스 등은 스포츠와 기술의 만남이라고 할 수 있다. 과학기술에 관심과 재능을 갖고 있다면 과학기술에 대한 전문적인 공부를 한 뒤 자신의 전문 지식을 스포츠에 접목할 수 있을 것이다.

강원도 영월이나 정선에서 래프팅을 즐겨 본 적이 있을 것이다. 래프팅뿐만이 아니라 하늘을 나는 패러글라이딩도 이젠 그리 낯선 스포츠가 아니다. 좀 더 자극적이고 재미있는 즐거움을 찾기 위한 인간의 욕망은 끝이 없기 때문에 지금도 새로운 스포츠가 끊임없이 만들어지고 있다.

스포츠 마케터가 되기 위해서는 경영학과처럼 마케팅을 배울 수 있는 학과나 스포츠 관련 학과를 전공하면 도움이 된다. 운동선수가 스포츠경영학을 공부해 마케터도 변신하는 사례도 많다. 국가 자격증으로는 한국산업인력공단의 스포츠경영관리사가 있다.

스포츠 경기를 관전하다 보면 잘 달리던 선수가 갑자기 쓰러지 거나 고통을 호소하는 순간을 볼 수 있다. 이럴 때 가장 빨리 현 장으로 달려 나와 선수의 몸을 점검하고 응급 처치를 하는 사람 이 바로 스포츠 의무 트레이너다.

선수들은 경기에 출전하거나 훈련할 때 크고 작은 부상을 입 는 경우가 많다. 의무 트레이너는 선수들의 부상을 예방하거나 처치하는 모든 일을 수행한다. 상처를 소독하거나 파스를 뿌리 고 붕대를 감는 등의 응급 처치뿐만 아니라 근육의 긴장을 풀어 주는 냉온 찜질, 마사지 등도 반드시 필요한 기술이다. 부상의 정도에 따라 열 치료나 전기 치료를 하기도 하며, 선수가 먹을 약을 관리하고 의사에게 치료를 의뢰하는 일도 담당한다. 부상을 치료하고 난 뒤에도 신체의 회복을 돕는 재활 훈련을 진행하기도 한다.

스포츠 선수의 예상치 못한 부상은 당장의 경기력은 물론 정신 건강에도 영향을 미친다. 경쟁에서 밀릴지도 모른다는 스트레스나 예전의 기량을 되찾지 못하는 슬럼프로 이어지기도 한다. 이런 선수들에게도 의무 트레이너의 역할이 중요하다. 선수들의 심리를 돌보고 영양 보충과 식단 관리, 컨디션 관리 등 선수와 팀의 경기력을 높이기 위한 모든 일을 수행하는 사람이다. 그렇기에 의무 트레이너는 스포츠 선수와 가장 가까운 곳에서 일하는 사람이라고 할 수 있다. 선수의 움직임에서 미묘하게 이상이 생긴 점을 포착하는 관찰력과 섬세함은 물론 선수들과 원활하게 소통하고 공감하는 능력도 필요하다. 감독, 코치와 함께 훈련 프로그램을 점검하는 데 참여하기도 한다.

의무 트레이너는 선수의 건강을 책임지는 일이기에 의학 지식이 필수적이다. 그렇기에 스포츠의학과에 진학하는 것이 도움이 된다. 스포츠의학이란 운동으로 생기는 각종 상해와 이를 예방하고 치료하는 법을 연구하는 학문이다. 체육학과나 물리치료학과를 졸업해도 의무 트레이너가 되는 데 유리하다. 대한선수트레이너협회에서 주관하는 선수 트레이너 자격증을 따면 더욱 전문성을 인정받을 수 있다.

롤 모델찾기 정찬우 스포츠 아나운서

스포츠 전문 캐스터인 정찬우 아나운서는 스포츠 중계만 벌써 15년째 하고 있는 베테랑이다. 귀에 쏙쏙 들어오는 까랑까랑한 목소리에 재치 넘치는 말솜씨로 시청자를 사로잡는다. 야구, 축구, 농구 등 인기 프로 스포츠는 물론 격투기, 피겨스케이팅, 리듬체조 등 국내에서 낯선 종목들도 그의 눈과 입을 거쳤다. 정찬우 캐스터를 거치지 않은 종목은 없다는 말이 나올 정도다.

그가 스포츠 아나운서를 꿈꾸게 된 것은 스포츠에 대한 동경심 때문이었다. 특히 어린 시절에 미군 방송인 AFKN으로 프로레슬링 경기를 보면서 이를 우리말로 전달하면 어떨까 하는 꿈을 품었다. 그렇게 마음 한구석에 숨어 있던 막연한 꿈은 대학에서 더욱 분명해졌다. 신문방송학과에 다니던 2000년이었다.

당시 MBC 아나운서였던 손석희의 강의를 듣고 진로를 결정했다. 스포츠 아나운서가 되기 위해서는 우선 공채 아나운서로 방송사에 입사하는 것이 먼저였다. 군복무를 마친 뒤 아나운서 아카데미에 들어갔다. 이곳에서 5개월 정규 과정을 마친 뒤 각종 방송사에 지원해 시험을 봤다. 수많은 낙방의 쓴맛을 봤지만 포기하지 않았다. 계속 두드리고 또 두드린 끝에 스포츠 전문 채널에 입사할 수 있었다.

스포츠 아나운서를 꿈꾸는 학생들에게 그는 어떤 조언을 전할까? "야구 해설가가 되겠다고 해서 야구만 보는 학생이 있는데 그건 전혀 도움이 되지 않는다. 학교 수업 시간에 충실하면서 사회, 경제 등 다방면의 공부를 해야 한다. 그러고 나서 좋아하는 분야에 대한 정보를 최대한 많이 알아야 한다."

또한 적극적인 행동력이 필요하다고 강조한다. "아나운서가 되려면 목소리가 좋아야 한다고 흔히 생각하는데 반드시 그렇지는 않다. 미국의 심리학자인 앨버트 메라비언에 따르면 인간의 정보 전달 방식은 표정, 몸짓 등의 시각 언어가 55퍼센트를 차지한다. 그렇기에 목소리 자체보다는 어떻게 전달하느냐가 더 중요하다. 친구들이나 많은 사람이 있는 곳에서 발표를 하거나, 사회를 볼 기회가 생길 때 적극적으로 나선다면 좋은 연습이 될 것이다."

스포츠 매니지먼트 회사인 브라보앤뉴의 장상진 대표는 국내의 대표적인 스포츠 마케터다. '골프 여제' 박인비를 비롯해 유소연, 이정은 등 세계 최고의 골프 선수들이 브라보앤뉴의 고객이다. 남자 피겨스케이팅의 간판선수인 차준환, '영미'로 잘 알려진 여자 컬링의 '팀킴' 등 올림픽 스타와도 함께하고 있다.

장 대표는 선수 관리는 물론 스포츠 대회 기획, 중계권 수입 등 마케팅 사업도 활발하게 하고 있다. 특히 오래전부터 국내외의 여러 골프 대회를 기획하고 주관하고 있다. 최근에는 세계 최초의 프로당구 리그인 PBA를 만들어 새로운 '스포츠 한류'를 만들고 있다.

그가 처음부터 스포츠의 세계에 몸담았던 것은 아니다. 1992

년 광고대행사에서 처음 사회생활을 시작했다. 하지만 10여 년을 광고계에서 일하면서 회의감이 찾아왔다. 그래서 관심을 가진 분야가 스포츠 산업이었다. 2009년 2월 스포츠 마케팅 전문 회사인 IB스포츠로 자리를 옮겼다. 직접 잠재력 있는 선수들을 발굴해 그들의 가치를 높이고 더 큰 선수로 성장하도록 돕는 과정에 큰 매력을 느꼈다.

이후 영화·드라마의 배급과 투자, 제작을 전문으로 하는 콘텐츠 회사 NEW가 스포츠 분야로 진출하기 위해 IB스포츠를 인수했다. 장 대표는 2017년 NEW의 스포츠사업부인 브라보앤뉴를 창립하는 데 참여하며 대표까지 맡아 지금의 자리에 이르렀다.

스포츠 마케팅도 사람 사이에서 벌어지는 일이기에 장 대표는 잠시 스쳐간 관계도 허투루 지나치지 않는다. 프로당구 리그인 PBA가 성공적으로 뿌리내릴 수 있었던 것도 골프 대회를 개최하며 관계를 맺은 기업들의 도움이 컸다. 때로 허드렛일도 마다하지 않는다. 2016년 리우데자네이루 올림픽 때는 여자 골프 국가대표 선수들을 위해 직접 밥을 짓고 찌개를 끓였다.

장 대표는 자신의 직업을 이렇게 말한다. "스포츠 마케팅은 안정성, 평범함과는 사실 거리가 멀다. 반면 가능성은 무궁무진하다. 지금까지는 미국이나 유럽이 스포츠 산업을 주로 이끌어 왔지만 조만간 대한민국이 중심에 서는 날이 올 것이라 믿는다."

롤 모델 찾기 **성민규 롯데 자이언츠 단장**

2019년 방송된 SBS 드라마 〈스토브 리그〉는 프로야구의 만년 꼴찌 팀 '드림즈'의 단장 백승수가 팀의 시스템을 개혁해 우승의 자리에 올려놓는 과정을 그린다. 현실에서도 백승수 단장과 꼭 닮은 사람이 있다. 성민규 롯데 자이언츠 단장은 2019년 9월 만 37세의 나이로 최연소 프로야구단 단장이 되었다.

프로야구단 단장은 야구단의 살림을 책임지는 사람이다. 경기가 펼쳐지는 그라운드 안에서 선수에게 지시를 내리는 사람이 감독이라면, 단장은 그라운드 밖의 모든 업무를 책임지는 후방 사령관 같은 존재다. 감독, 코치, 선수를 뽑는 권한도 가지고 있다.

성민규 단장은 본래 야구 선수였다. 초등학교 6학년 때 야구를 시작했다가 한국에서 대학교 1학년 1학기를 마치고 다른 직업을 찾고자 뉴질랜드로 건너가 스포츠경영을 공부했다. 유학을 준비할 때만 해도 강아지를 뜻하는 'dog'를 'bog'로 쓸 정도로 영어 실력이 부족했지만 밤낮으로 공부에 매진했다.

2007년에 기아 타이거즈에 입단했지만 경기에 뛰지 못하고 팀에서 방출되는 아픔을 겪기도 했다. 그런데 2008년부터 미국으로 건너가 아무도 가지 않은 길을 걷기 시작했다. 마이너리그_{메이저리그의 2군} 리그에서 시카고 컵스 코치가 되었다. 말이 코치였지 훈련 보조, 구단 버스 운전 등 안 해본 일이 없었다. 그러다가 2011년부터는 성실함을 인정받아 아시아 지역의 선수를 영입하는 스카우트로 변신했다. 스페셜 어사인먼트 스카우트라는 거창한 직책도 생겼다. 특별히 영입을 고려하는 몸값이 비싼 선수를 시카고 컵스의 테오 앱스타인 사장과 꼼꼼히 검증하는 일이었다.

롯데 자이언츠의 단장이 된 그는 메이저리그에서의 경험을 살려 모든 직원이 해야 할 일은 물론 선수 훈련의 목적과 내용, 대상 등 매뉴얼을 꼼꼼하게 만들었다. 또한 전체 구단 중에서 가장 많은 18명의 선수를 방출하는 행보를 펼쳤다. 과감하고 거침없는 선수 영입에 응원을 보내는 팬들도 많아졌다. 이것이 그가 체계적인 시스템을 추구하는 '현실판 백승수 단장'이라고 불리는 이유다.

직접 해보는
진로찾기

내가 하고 싶은 일을 하기 위해서 앞으로 무엇을 준비해야 할까?
관심 있는 직업에 대한 조사를 직접 해보자.

나의 관심사	
나의 성격	
좋아하는 공부	
내가 되고 싶은 직업	

이 직업이 하는 일	❶
	❷
	❸
	❹
	❺

진출 분야	
필요한 능력	
해야 할 공부 및 활동	
관련 자격증	
이 직업의 롤 모델	

참고 자료

도서

- 21세기교육연구회 지음, 《스포츠가 아이의 미래를 바꾼다》, 테이크원, 2013
- 권순용, 조욱연 지음, 《스포츠 사회학》, 대한미디어, 2015
- 김형탁, 장영술, 홍성택 지음, 《양궁: 이론과 실전》, 대한양궁협회, 2011
- 마르크 페렐망 지음, 이현웅 옮김, 《야만의 스포츠》, 도서출판 삼화, 2014
- 마쓰오카 히로시 지음, 이성환 옮김, 《월드컵의 역사》, 푸른미디어, 2001
- 박보현, 한승백, 탁민혁 지음, 《스포츠사회학》, 레인보우북스, 2018
- Robert A. Mechikoff 지음, 김방출 옮김, 《스포츠와 체육의 역사·철학 2》, 레인보우북스, 2013
- 이창섭, 남상우 지음, 《스포츠사회학》, 궁미디어, 2013
- 스포츠문화의 이해 편찬위원 엮음, 《스포츠문화의 이해》, 경북대학교출판부, 2016
- Jay J. Coakley, 《Sport in Society: Issues and controversies》, McGraw-Hill College, 1997

기사

- 〈레슬링인들이 분석한 '재미없다' 비판의 이유는?〉, 조선일보, 2013.2.20
- 〈바둑도 이젠 스포츠'...대한체육회 승인〉, 경향신문, 2002.1.25
- 〈벼룩 간도 맞히는 초감각...수도승처럼 무념무상 생활〉, 중앙일보, 2011.5.25
- 〈이색 훈련도 세계1위...이유 있는 '양궁평가전'〉, 채널A. 2019.5.21
- 〈제2의 김연아 이해인, 행복한 스케이터 꿈꾸다〉, 중앙일보, 2019.10.17
- 〈체육회, 바둑협회 준가맹단체 승인〉, 경향신문, 2006.5.16

• 〈한국 양궁은 어떻게 세계 1위가 됐나…'강심장 훈련' 현장〉, JTBC, 2019.5. 22

웹사이트

• 국제사격연맹 www.issf-sports.org
• 도핑의 모든 것-도핑 방지 가이드 sepaktakraw.life/1930
• 진로정보망 커리어넷 www.career.go.kr
• 온라인어원사전 www.etymonline.com
• 한국대학스포츠협의회 blog.naver.com/kusf_sport
• 한국배구연맹 www.kovo.co.kr

사진 출처

• 21쪽 Michele Morrone / Shutterstock.com
• 26쪽 Alexey Kartsev / Shutterstock.com
• 35, 43쪽 Leonard Zhukovsky / Shutterstock.com
• 48쪽 Dziurek / Shutterstock.com
• 53쪽 Asatur Yesayants / Shutterstock.com
• 66쪽 Keeton Gale / Shutterstock.com
• 78쪽 Celso Pupo / Shutterstock.com
• 83쪽 Kairosnapshots / Shutterstock.com
• 104쪽 Shahjehan / Shutterstock.com
• 115쪽 De Visu / Shutterstock.com
• 132쪽 PhotoStock10 / Shutterstock.com
• 174쪽 Oleksandr Osipov / Shutterstock.com
• 180쪽 Michal Dziedziak / Shutterstock.com
• 183쪽 Adam Ziaja / Shutterstock.com
• 188쪽 Chaay_Tee / Shutterstock.com
• 196쪽 MDI / Shutterstock.com
• 200쪽 A.RICARDO / Shutterstock.com

교과 연계

▶ 중학교 —————————————————————————

▶ 고등학교 ─────────────────────────────

찾아보기

나른 인스타그램

뉴스레터 구독

인공지능이 스포츠 심판이라면

프로야구부터 올림픽까지 규칙으로 읽는 스포츠

초판 1쇄　2018년 3월 23일
초판 5쇄　2024년 10월 25일

지은이　스포츠문화연구소

펴낸이　김한청
기획편집　원경은　차언조　양선화　양희우　유자영
마케팅　정원식　이진범
디자인　이성아　김현주
운영　설채린

펴낸곳 도서출판 다른
출판등록 2004년 9월 2일 제2013-000194호
주소 서울시 마포구 동교로 27길 3-10 희경빌딩 4층
전화 02-3143-6478　**팩스** 02-3143-6479　**이메일** khc15968@hanmail.net
블로그 blog.naver.com/darun_pub　**인스타그램** @darunpublishers

ISBN 979-11-5633-297-8　44000
　　　979-11-5633-250-3 (세트)

다른 생각이
다른 세상을 만듭니다